درمان خدا برای حس طرد شدگی

این اثر ترجمه ای است از کتاب

Rejection
Copyright: 1993
BY: DEREK PRINCE

Translated into Persian by:
Parisa dadras

مترجم : پریسا دادرس

ISBN: 978-1-78263-394-5

Published by: Derek Prince Ministries-UK,
PO Box 393 Hitchin SG5 9EU
Email enquiries@dpmuk.org
www.dpmuk.org

All rights reserved.

No part of this book may be reproduced or transmitted in any form or by any means, electronic or mechanical, including photocopying, reading, or by means of any information storage and retrieval system, without permission in writing from the publisher.

هر گونه استفاده از این کتاب بدون اجازه رسمی ناشر

ممنوع است

فهرست مندرجات

عنوان		صفحه
فصل اول	ماهیت طرد شدگی	۱
فصل دوم	عوامل طرد شدگی	۱۲
فصل سوم	خیانت و خجالت	۲۲
فصل چهارم	نتایج طرد شدن	۲۹
فصل پنجم	طرد کامل	۳۸
فصل ششم	چگونه درمان را درخواست کنیم	۵٦
فصل هفتم	پذیرش در خانوادهٔ خدا	٦۹
فصل هشتم	جاری شدن محبّت الهی	۷۸

فصل اول

« ماهیت طرد شدگی »

تقریباً همهٔ ما «طرد شدن» را یک یا دو بار تجربه کرده‌ایم اما بسیاری از ما ماهیّت و یا تأثیرهای آن را درک نکرده‌ایم. این تجربه ممکن است خیلی جزئی و یا از طرفی آنقدر ویرانگر بوده که بر کلّ زندگی و تمام روابط شما اثر گذاشته باشد.

برای مثال به این تجارب توجه کنید: شما برای بازی در تیم ورزشی مدرسه انتخاب نشدید، اوّلین دوست پسر شما در قرار ملاقاتی که با هم داشتید، حاضر نشد و دلیلی هم ارائه نداد، در دانشکدهٔ دلخواه خود پذیرفته نشدید، بدون هیچ دلیل موجهی از کار برکنار شدید فقط به علت اینکه دیگر به شما نیازی ندارند.

بدتر از همهٔ اینها درد احساس بی‌محبتی از جانب پدرتان است یا اینکه حس می‌کنید مادرتان هیچ وقت نمی‌خواست شما را بدنیا آورد و یا زمانی که ازدواج شما به طلاق منتهی می‌شود.

چنین تجربیاتی، زخمهای دائمی‌ای بر جا می‌گذارند، چه آنها را حس کنید و چه نکنید. اما من خبر خوبی برایتان دارم. خدا می‌تواند این زخمهای شما را شفا دهد و کمکتان کند تا خود را بپذیرید. و شما را قادر می‌سازد تا محبّت او را به دیگران نشان دهید. اما، پیش از اینکه بتوانید از کمک او برخوردار شوید، می‌باید ماهیّت مشکل خود را بشناسید.

طرد شدن را می‌توان حس ناخواسته بودن تعریف کرد. اینکه شما می‌خواهید مردم دوستتان داشته باشند اما می‌بینید که اینطور نیست. می‌خواهید عضوی از یک گروه باشید اما احساس می‌کنید از آن جدا هستید. گویا همیشه به نوعی خارج از صحنه قرار دارید.

زخمهای ناشی از خیانت و خجالت با طرد شدن رابطهٔ نزدیکی دارند. همهٔ آنها در شخص مجروح واکنش مشابهی ایجاد می‌کنند یعنی احساس ناخواسته بودن و پذیرفته نشدن.

گاهی اوقات این تجربه (طرد شدن) چنان دردناک است که ذهن از متمرکز شدن بر آن امتناع می‌ورزد. با اینحال، می‌دانید که چیزی عمیقتر از ذهن، و حتی حافظه در کار است. این چیز در روح شماست و کتاب امثال آن را چنین توصیف می‌کند.

«دل شادمان چهره را زینت می‌دهد اما از تلخی دل روح منکسر می‌شود.»

(امثال ۱۵ : ۱۳)

نویسنده همچنین به ما می‌گوید که یک روح منکسر چه تأثیری بر شخص می‌گذارد:

«روح انسان بیماری او را متحمّل می‌شود اما روح شکسته را کیست که متحمّل آن بشود؟» (امثال ۱۸: ١٤)

روح قوی شخص او را در غلبه بر مشکلات بزرگ کمک می‌کند اما روح منکسر در تمام موارد زندگی اثری فلج کننده دارد.

جامعهٔ امروزی ما از درهم گسیخته شدن روزافزون روابط بین اشخاص رنج می‌برد. به احتمال زیاد شما نیز در مجادله‌ای گرفتار شده‌اید که نتیجه‌اش، زخم طرد شدن بودن است. اما اجازه دهید پیشنهاد کنم که آن ابر تاریک را با یک آستر نقره‌ای بپوشانید. من معتقدم که شریر علم غیب دارد. او می‌داند که خدا می‌خواهد شما را بکار ببرد و به همین دلیل کاری می‌کند که همه چیز به هم خورد. شیطان می‌داند که شما می‌توانید در مسیح چه چیزی بشوید. پس مأیوس نباشید. من به تجربه دریافته‌ام که آنانی که ظاهراً در سطح پائینی قرار داشتند عاقبت به بالاترین مقام رسیدند. کتابمقدس هم به ما می‌گوید:

«هر کس خویشتن را فروتن سازد، سرافرازی یابد»

(لوقا ۱۸: ١٤).

آیه‌ای در انجیل متّی هست که به نظر من احساس مسیح نسبت به شخص شما را توصیف می‌کند:

«و چون جمعی کثیر دید، دلش بر ایشان بسوخت»

(متی ۹: ٣٦ NKJV)

لغت یونانی که در اینجا «دل‌سوزی» ترجمه شده، دارای بار معنایی غنی‌ای است. این حالت واکنشی فیزیکی است که از عمق وجود شخص برمی‌آید و مستلزم نشان دادن عکس‌العملی واقعیست. شخصی که «دلش به حال کسی می‌سوزد»، نمی‌تواند فقط بایستد و تماشا کند، بلکه باید کاری انجام دهد، چرا عیسی آنقدر متأثر شد؟

« .... زیرا که مانند گوسفندان بی‌شبان پریشان حال و پراکنده بودند.»

(متی ۹: ٣٦).

درست همین احساس خستگی، پریشانی، ناتوانی، سردرگمی، ترس، نگرانی و سنگین باری ممکن است به شما هم دست بدهد. عیسی همانطور که آن جماعت را می‌دید، شما را هم می‌بیند. او دلش به حال شما می‌سوزد. او می‌خواهد دردمندترین قسمت وجود شما را شفا دهد.

ما باید ابتدا ماهیّت حقیقی طرد شدن را درک کنیم. این تجربه چگونه اتفاق می‌افتد؟ چه چیزی موجب بروز جراحت می‌شود؟ وقتی به این سؤالات پاسخ دادیم می‌توانیم بپرسیم که زخمهای ناشی از طرد شدن چگونه درمان می‌شوند؟

حدود سال ١٩٦٤ بود که دریافتم بتدریج تمام وقتم وقف خدمت به کسانی می‌شود که اسیر اعتیاد به موادی همچون نیکوتین و الکل بودند. اما خیلی زود فهمیدم که چنین اعتیادهایی در واقع شاخه‌های کوچکی هستند که از شاخهٔ بزرگتری جوانه می‌زنند. طبیعتاً

شاخهٔ بزرگتری که آنها را حمایت می‌کند نوعی ناتوانی است. در نتیجه، راه حل عملی، برخورد با این شاخه است، چون وقتی شاخهٔ ناتوانی قطع شود، پرداختن به شاخه‌های کوچک اعتیاد خودبخود آسان خواهد شد.

در طول زمان که به مبارزهٔ خود با مشکلات مردم ادامه دادم، بتدریج به قسمتهای پائینتر تنهٔ درخت روبرو شدم و بالاخره به قسمتی از آن رسیدم که در عمق قرار داشت یعنی ریشه‌ها. خدا می‌خواهد روی ریشه‌های زندگی ما کار کند.

«و الحال تیشه بر ریشهٔ درختان نهاده شده است پس هر درختی که ثمرهٔ نیکو نیاورد، بریده و در آتش افکنده شود.» (متی ۳: ۱۰).

درخت از چه قسمتی قطع می‌شود؟ از ریشه. وقتی به ریشه‌های مسئله رسیدم، چیزی کشف کردم که ابتدا مرا متعجّب کرد. یکی از ریشه‌های اصلی بسیاری از همهٔ مشکلات انسانها، طرد شدن است. من به عنوان یک واعظ و معلّم کتابمقدس به این نتیجه رسیده بودم نه به عنوان یک جامعه شناس یا روانپزشک.

آیا تا بحال طفل کوچکی را در آغوش پدرش دیده‌اید؟ او با یکی از دستهای کوچکش گردن پدرش را محکم می‌گیرد و سرش را محکم به سینهٔ قوی و حمایت کنندهٔ پدرش می‌چسباند. فشارها و کششهای بسیاری در اطراف هستند اما او احساس تهدید نمی‌کند. حالت چهرهٔ او احساس امنیّت کامل وی را نشان می‌دهد. در جائیست که به آن تعلّق دارد یعنی آغوش پدر.

خدا انسان را ذاتاً بگونه‌ای آفرید که هر نوزادی که به دنیا می‌آید در پی کسب این نوع امنیت باشد. یک طفل کوچک هرگز بدون محبّت والدین و به خصوص محبّت پدر نمی‌تواند واقعاً راضی و اقناع شود یا احساس امنیّت کند.

هر کس که از این نوع محبّت محروم مانده باشد، به طور غیر قابل اجتنابی در معرض آسیب زخمهای طرد شدن قرار می‌گیرد. تقریباً یک نسل کامل از پدران آمریکایی در تربیت فرزندان خود شکست خورده و آنها را از دست داده‌اند. بنابراین، ما در حال حاضر با افراد جوانی مواجه هستیم که عمیقترین و اساسیترین مشکلشان، طرد شدن است.

به چنین تصویری از روابط از هم گسیختهٔ بین والدین و فرزندان، باید آمار ازدواجهای شکست خورده را نیز اضافه کنیم. امروزه، این بحران تقریباً شامل نیمی از ازدواجها می‌شود. تقریباً همیشه یک یا هر دو طرف زخم طرد شدن را در خود دارند و در اغلب موارد شخص عمیقاً از این موضوع نیز دردمند است که از اعتماد او سوءاستفاده شده و به او خیانت کرده‌اند.

با مشاهدهٔ فشارهای جامعهٔ امروزی و به خصوص فروپاشی بنیان زندگی خانوادگی عقیدهٔ شخصی من بر این است که لااقل نیمی از مردم ایالات متحدهٔ آمریکا از انواع مختلف طرد شدن رنج می‌برند. بدون شک خدا این بحران خاص زمان آخر یعنی ارتباطات از هم گسیخته را پیشاپیش می‌دید که در کتاب ملاکی وعده داد:

«اینک من ایلیای نبی را قبل از رسیدن روز عظیم و مهیب خداوند نزد شما خواهم فرستاد و او دل پدران را به سوی پسران و دل پسران را به سوی پدران خواهد برگردانید مبادا بیایم و زمین را به لعنت بزنم.» (ملاکی ٤: ٥ـ٦)

لعنت آخرین نتیجهٔ طرد شدنی است که ناشی از گسیخته شدن روابط است. اما خدا برای آنانی که توسط عیسی به سوی او باز می‌گردند، شفای از این لعنت را مهیّا کرده است.

اما این شفا به چه شکل خواهد بود؟ نقطهٔ مقابل طرد شدن چیست؟ پاسخ این سؤال بسیار روشن است: پذیرفته شدن. این دقیقاً همان امتیازی است که وقتی توسط عیسی مسیح

به سوی خدا می‌آئید، او به شما می‌دهد. *«که ما را به آن مستفیض گردانید در آن حبیب»* (افسسیان ۱ :٦ NKJV) که منظور از آن حقیقت در این آیه همان عیسی مسیح است.

کلمهٔ اصل یونانی‌ای که در اینجا «مستفیض» ترجمه شده، بار معنایی عمیقی دارد. معنایی بیشتر از تائید صرف را به ذهن متبادر می‌کند. در لوقا ۱ :۲۸، همان کلمهٔ یونانی، «ای نعمت رسیده» ترجمه شده است.

وقتی شما توسط عیسی مسیح به حضور خدا می‌روید، همانند عیسی در نظر او مستفیض (پذیرفته شده) و نعمت رسیده هستید. شگفت‌انگیز است اما در این حالت، خدا شما را درست مثل عیسی دوست دارد. شما عضوی از خانوادهٔ خدا می‌شوید.

نخستین قدم برای غلبه بر معضل «طرد شدن» شناسایی مشکل است. چون وقتی آن را تشخیص دادید، می‌توانید از پس آن بر آیید. بدانید که شما تنها نیستید چون خدا در شناسایی آن کمکتان خواهد کرد.

اجازه دهید در این مورد یک مثال عملی برایتان ذکر کنم. در طول جنگ جهانی دوم، هنگامی که به عنوان پرستار وظیفه در شمال آفریقا خدمت می‌کردم، با مردی کار می‌کردم که یک پزشک برجسته بود. (یک روز) یکی از بمبهای هواپیماهای دشمن در نزدیکی ما افتاد و آنجا را منفجر کرده، ترکش بمب به یکی از سربازان ما اصابت کرد. او در حالی که روی شانه‌اش جای زخم سیاه و کوچکی دیده می‌شد، به مرکز پزشکی ما آمد. من مشغول رسیدگی به او و تمیز کردن زخمش بودم. سعی می‌کردم آنچه را که درست است انجام دهم. پس از پزشک پرسیدم: «دکتر، باند پانسمان را بیاورم؟» پزشک جواب داد: «نه، میل جراحی را به من بده.» میل نقره‌ای کوچک را به او دادم و او آن را در زخم فرو برده در اطراف حرکت می‌داد. تا چند لحظه هیچ اتفاقی نیفتاد. ناگهان، میل ترکش کوچک گلوله را درون زخم لمس کرد و بیمار فریادی از درد کشید. دکتر می‌دانست که مشکل را پیدا کرده.

وقتی دوباره از او پرسیدم که آیا باند برای پانسمان بیاورم، دکتر جواب داد: «نه، برو پنس را بیاور». بعد با پنس ترکش را در آورد. آن موقع بود که باند پانسمان خواست.

شاید شما هم باند کوچکی مثل مذهب را روی زخم خود پیچیده‌اید که البته نمی‌تواند آن را خوب کند، چون چیزی درون زخم هست که باعث چرکین شدن آن می‌شود. اما اگر قلب خود را بر روی روح‌القدس باز کنید، او منشأ مشکل را به شما نشان خواهد داد. اگر میل جراحّی روح‌القدس ترکشی را در شما لمس کرد، اگر لازم شد فریاد بکشید اما با او مقاومت نکنید! از او بخواهید تا با استفاده از پنس خود مشکل را بردارد. بعد از آن، خدا می‌تواند چیزی بخواهد که زخم شما را واقعاً شفا خواهد داد.

در حالی که به مطالعهٔ این کتاب ادامه می‌دهید، خواهید فهمید که چگونه می‌توانید از طرد شدن به پذیرفته شدن برسید. همچنین خواهید آموخت که چطور با خیانت و خجالت برخورد کنید. بعد از آن، به شما نشان خواهم داد که چگونه می‌توانید به خدا اجازه دهید تا محبّت الهی خود را توسط شما به دیگران آشکار سازد.

من با اشخاص بسیاری سروکار داشته‌ام که زخمهای طرد شدن خود را با موفقیت شناخته و از آنها بهبودی یافته‌اند. شما هم بوسیلهٔ فیض خدا می‌توانید یکی از آن افراد باشید.

فصل دوم

« عوامل طرد شدگی »

خطر طرد شدن در تمام روابط انسانی وجود دارد. بعضی اوقات این خطر در سالهای مدرسه و تحصیل پیش می‌آید. شاید به این دلیل که لباسهای کهنه می‌پوشیدید و یا نژاد شما با بقیه فرد می‌کرد و یا به دلیل داشتن نقص بدنی مورد استهزاء اطرافیان در مدرسه قرار گرفته باشید. عدهٔ زیادی از مردم مورد مزاحمت اشخاصی که از آنها متفاوتند، واقع می‌شوند. اگر ندانند که چطور می‌توانند با شما ارتباط برقرار کنند شما را رد می‌کنند.

مخرّب‌ترین نوع طرد شدن، زمانی اتفاق می‌افتد که یک طفل از سوی والدینش طرد شود. این زخم در سه موقعیت ویژه بوجود می‌آید. نخست اینکه، طفل در همان دوران بارداری ناخواسته باشد. یعنی مادر ممکن است طفلی را در رحم خود حمل کند که واقعاً نمی‌خواهد. شاید چیزی به زبان نیاورد اما این احساس در قلب او وجود دارد. شاید طفل نتیجهٔ رابطهٔ خارج از ازدواج باشد و مادر از موجودی که به زودی وارد زندگی او خواهد شد و مشکلات بسیاری بوجود خواهد آورد احساس تنفّر و انزجار می‌کند. چنین طفلی ممکن است با روح «طرد شدگی» متولّد شود.

در خدمتم به مردم ایالات متحده، پدیدهٔ شگفت انگیزی را کشف کردم، که عبارت بود از اینکه افراد بسیاری در گروههای سنّی خاصی احساس طرد شدگی را از ابتدای زندگیشان داشتند. وقتی این مسئله را در گذشتهٔ آنها پیگیری کردم، دریافتم که آنها در دوران بحران بزرگ اقتصادی ایالات متحده متولّد شده بودند. در دورانی که یک مادر با تعداد زیادی

نان‌خور، به سختی می‌توانست فکر داشتن طفل دیگری را با همه دردسرهایش بکند و رفتار درونی آن مادر، طفل را حتّی قبل از بدنیا آمدن آزرده کرده بود.

موقعیّت دوّم زمانی است که والدین کودک محبّت خود را عملاً به او نشان نمی‌دهند. Pumper strikers این سؤال معروف را می‌پرسیدند که: «آیا امروز کودک خود را بغل کرده‌اید؟» سؤال خوبی است، چون کودکی که اظهار علاقه و محبّت عملی کمتری از والدین خود ببیند، تبدیل به کودکی مطرود خواهد شد.

ممکن است والدین کودک خود را دوست داشته باشند اما نمی‌دانند چگونه به او ابراز محبّت کنند. اخیراً با افرادی صحبت کردم که می‌گفتند: «من فکر می‌کنم که پدرم مرا دوست داشت اما نمی‌دانست آن را چگونه به من نشان دهد. در تمام طول زندگیش هیچ وقت مرا روی زانویش ننشاند، هیچ وقت کاری نکرد که نشان دهد دوستم دارد.» ممکن است کودک به همین صورت دربارهٔ مادر خود سخن گوید اما در هر حالت او فکر می‌کند که «ناخواسته» است.

اگر با خیلی از کودکان امروزی که تندخو و سرکش هستند دربارهٔ والدینشان صحبت کنید به شما خواهند گفت: «پدر و مادر برای ما لباس و موقعیّت تحصیلی فراهم کردند، برایمان ماشین خریدند و اجازهٔ رفتن به استخر شنا را به ما دادند، اما هرگز وقت خود را به ما ندادند و هیچ وقت خودشان را وقف ما نکردند.»

به نظر من این یکی از دلایل برخورد تند افراد جوان دههٔ ۱۹۶۰ در قبال نسل پیش از خود بود که ما شاهد آن بودیم و در واقع واکنشی علیه روش زندگی ماده گرایانه و عاری از محبّت نسل پیشین بود.. تعداد زیادی از آن جوانان که چنان تندخو و سرکش شدند از خانواده‌های سرشناس و ثروتمند بودند. به آنها همه چیز داده شده بود جز محبّت که بیشتر از هر چیز می‌خواستند و به آن نیاز داشتند. این حالت طرد شدگی ممکن است در اثر طلاق

والدین بر کودک اثر گذاشته باشد. در طلاق معمولاً مسئولیت مراقبت از بچه‌ها آنهم به تنهایی، بر عهده مادر گذاشته می‌شود. ممکن است کودک پیش از طلاق ارتباط گرم و صمیمانه‌ای با پدر خود داشته است اما بعد از طلاق ناگهان می‌بیند که دیگر پدر در کنار او نیست. ترک پدر، خلاء دردناکی را در قلب او ایجاد می‌کند. اگر پدر، خانواده را به خاطر زن دیگری ترک کرده باشد، عکس‌العمل کودک خشن‌تر می‌شود یعنی علاوه بر تندخویی نسبت به پدر، احساس تنفّر نسبت به آن زن هم دیده می‌شود. حال آنچه در او می‌ماند، زخم عمیق «طردشدگی» است. او با خود می‌گوید: «کسی که دوستش داشتم و بیشتر از همه به او اعتماد می‌کردم، مرا ترک کرده. از حالا به بعد هرگز نمی‌توانم به کسی اعتماد کنم.»

اغلب اوقات در این موارد، مادر نیز که حالا مسئولیتهای جدید بسیاری بر دوش دارد، ممکن است نتواند محبتی را که بی‌دریغ در حق کودک خود روا می‌داشت نثار او نماید. در چنین حالتی، کودک «طرد شدگی» مضاعفی را تجربه می‌کند: هم از سوی پدر و هم از سوی مادر.

سومین وضعیت بوجود آورندهٔ این پدیده (طردشدگی) هنگامیست که کودکان شاهد ابراز محبّت نابرابر والدین نسبت به خود هستند حال چه این امر عمدی باشد، چه غیر عمدی. خانواده‌ای را در نظر بگیرید که سه فرزند دارند. فرزند اول، باهوش است و پاسخ هر سؤالی را می‌داند و به عنوان فرزند اول، از ارشدیّت طبیعی خود لذّت می‌برد. فرزند دوم خانواده چندان باهوش نیست. فرزند سوم هم باهوش و زیباست. در این میان، فرزند دوم دائماً احساس بی‌لیاقتی و حقارت می‌کند. والدین نیز، گویا به نوعی همیشه فرزند بزرگتر یا کوچکترین را تحسین می‌کنند اما توجه زیادی به فرزند دوم خود نمی‌کنند. این فرزند در بسیاری موارد احساس طرد شدگی و ناخواسته بودن کرده و با خود فکر می‌کند: «پدر و مادر، برادر بزرگتر و خواهر کوچکتر مرا دوست دارند اما مرا دوست ندارند.»

از سوی دیگر در بعضی موارد به جای اینکه یک فرزند خانواده رد شدن را تجربه کند، بیشتر از بقیه مورد توجه و ابراز محبّت واقع می‌گردد. در این حالت فرزندان دیگر خانواده در مقایسهٔ خود با فرزند مورد علاقهٔ والدین، احساس طرد شدگی می‌کنند.

داستان مادری را به یاد می‌آورم که چندین دختر داشت اما به یکی ۲بیش از دیگران محبّت می‌ورزید. یک روز او صدایی از یکی از اتاقها شنید. در حالی که فکر می‌کرد صدا، صدای دختر مورد علاقهٔ اوست با صدای بلند گفت: «تو هستی عزیزم؟» و صدای ناامیدانهٔ دختر دیگرش در جواب گفت: «نه، من هستم». آن زمان بود که مادر به تأثیر تبعیض قائل شدن خود برای یکی از دخترانش بر دیگران پی برد. در نتیجه از رفتار خود توبه کرده، سعی نمود روابط آسیب دیده را با همهٔ فرزندان خود اصلاح کند.

اجازه دهید در مورد چگونگی ایجاد شدن احساس طرد شدگی در سنین پایین و تأثیری که می‌تواند از نظر روحی بر کودک بگذارد مثال دیگری بزنم. سالها پیش در یکی از کلیساهای میامی خدمت می‌کردم. یک شب برای ملاقات یکی از اعضای کلیسای آن بخش به خانه‌اش رفتم و کاری کردم که به ندرت آن را انجام می‌دادم. به او گفتم: «خواهر، اگر درست گفته باشم، شما روح مرگ را در خود دارید». او برای خوشحال بودن همه چیز داشت اما هیچ وقت خوشحال نبود. شوهر و فرزندان خوبی داشت اما به ندرت پیش می‌آمد که لبخند بزند و شاد بنظر برسد. مثل شخصی بود که دائماً در ماتم به سر می‌برد. اگرچه معمولاً بدین شکل با کسی حرف نمی‌زنم، اما آن شب احساس کردم که می‌باید چیزی به او می‌گفتم.

پس گفتم: «من جمعه شب در میامی موعظه می‌کنم. اگر بیایید، برایتان دعا خواهم کرد». در شروع جلسه متوجّه شدم که او در ردیف جلوی سالن نشسته بود. بار دیگر چیزی گفتم که معمولاً نمی‌گویم. در لحظهٔ بخصوصی از موعظه به سوی او رفته و گفتم: «ای روح

مرگ، در نام عیسی به تو دستور می‌دهم همین حالا جوابم را بدهی. تو چه وقت وارد این زن شدی؟» و روح و نه خود آن زن به وضوح جواب داد: «از وقتی که او دو ساله بود» گفتم: «چطور وارد او شدی؟» و آن روح دوباره جواب داد: «اوه، او احساس طرد شدگی و ناخواستگی می‌کرد. فکر می‌کرد که تنهاست».

بعد در همان شب، آن زن از روح مرگ رهایی یافت، اما این واقعه تا چندین روز ذهن مرا به خود مشغول کرده بود و باعث شد درک جدیدی از تأثیر طرد شدگی بر زندگی یک شخص بدست آورم. پدیدهٔ طرد شدگی به خودی خود چندان مخرب نیست اما در را بر روی نیروهای منفی و مخرّب باز می‌کند تا وارد شده و به تدریج زندگی شخص را تحت کنترل بگیرند. طرد شدگی، در حقیقت ریشه‌ای است که آثار مضرّ بسیاری از آن ناشی می‌شوند.

از آن زمان به بعد، با صدها نفر از کسانی که به آزادی و رهایی از آثار روحی طرد شدگی نیاز داشتند و آن را یافتند، برخورد کردم.

زنی که در آن مثال شرح حالش را بیان کردم به طور آشکار افسرده بود اما احساس طرد شدگی همیشه در شخص قابل رؤیت نیست. این احساس می‌تواند رفتاری مخفی و درونی باشد که در عمق وجود ما عمل می‌کند. مشکل روحی است که عمل می‌کند. به تجربه آموخته‌ام که هر احساس عکس‌العمل و رفتار منفی، روحی مشابه خود را به همراه دارد. در پشت ترس، روح ترس قرار دارد. در پشت حسادت، روح حسادت و در پشت تنفر، روح تنفّر وجود دارد.

اما این به آن معنی نیست که هر کسی، که می‌ترسد پس روح ترس دارد. با این وجود کسی که به طور مطلق و یا بر حسب عادت کنترل خود را در برابر ترس از دست می‌دهد،

احتمالاً راه را برای ورود روح ترس باز می‌کند. بعد از ورود این روح، او دیگر قادر به کنترل کامل خود نیست.

همین اصل در مورد احساسات دیگری همچون حسادت یا تنفّر نیز مصداق دارد. در بسیاری موارد احساس طرد شدن راه را برای ورود روحهای منفی دیگر باز می‌کند. همانطور که تا کنون گفته شد، رد شدن ریشهٔ بروز بسیاری از احساسات و رفتارهای مخرّب است.

مثال ذیل مراحل بروز این حالات را نشان می‌دهد. دختر جوانی از جانب پدر خود احساس طرد شدگی می‌کند و از او متنفّر است چون او مدام ایراد می‌گیرد و او را دوست ندارد. این نفرت تا حدّی عمیق می‌شود که دیگر نمی‌تواند آن را پنهان کند. وقتی او بزرگ می‌شود، ازدواج می‌کند و صاحب فرزند می‌شود، سرانجام می‌بیند که خود او نیز از یکی از فرزندانش متنفّر است. احساس تنفّر او شدید و نامعقول است، اما قادر به کنترل آن نیست و این همان روح نفرت است. وقتی که پدر بی‌محبّت وجود ندارد، احساس تنفّر متوجه عضو دیگر خانواده می‌شود.

تأثیر دیگر روح نفرت می‌تواند چنین باشد که او از همهٔ مردها متنفّر می‌شود. او حتّی ممکن است همجنس‌گرا شده و از هر نوع تماس سالم با مردان اجتناب کند.

در فصل بعدی نوعی از طرد شدگی را که عدهٔ زیادی از اشخاص در روابط عمیق و نزدیک خود آن را تجربه کرده‌اند یعنی سوءاستفاده از اعتماد و خیانت را بررسی خواهیم کرد. همچنین توضیح خواهم داد که چگونه گاهی اوقات خجالت کشیدن این تجربه را به همراه دارد.

فصل سوم

« خیانت و خجالت »

تا کنون عوامل اصلی احساس طرد شدگی را در دوران کودکی بررسی کردیم. هنگامی که بزرگتر می‌شویم، با شکل‌گیری روابط نزدیکتر و صمیمانه‌تر در ما، خود را بیشتر در معرض ایجاد این احساس قرار می‌دهیم. اگر طی یکی از چنین روابطی، بخصوص ارتباط با همسر خود طرد شویم، درد ناشی از آن پیچیده خواهد بود چرا که موضوع آن اعتماد از بین رفته و به عبارتی خیانت است. مثل بیشتر خادمان در موارد بسیاری مشاور زنانی بوده‌ام که احساس می‌کردند همه چیز را از دست داده‌اند. آنها به شوهرانشان اعتماد کرده و خود را صادقانه وقف ایشان کرده بودند. اما آنها ترکشان کردند. در نتیجه، زن، احساس می‌کرده به او خیانت شده است. همچنین با شوهرانی صحبت کرده‌ام که همسرانشان به آنها خیانت کرده بودند. من شاهد خیانتهای متعددی بوده‌ام.

آیا تا بحال به شما خیانت شده است؟ عکس‌العمل شما چگونه بوده است؟

وقتی کسی به شما خیانت می‌کند ممکن است به خود بگوئید: «دیگر هرگز راز دلم را با کسی نخواهم گفت. بعد از این به هیچ کس اجازه نمی‌دهم اینطور به من آسیب برساند.» این عکس‌العمل کاملاً طبیعی است اما خطرناک نیز هست. چون در شما زمینه‌ای بوجود می‌آورد تا بر آن مشکل بعدی یعنی حالت تدافعی بخود گرفتن پدید آید. که این حالت معمولاً عکس‌العمل شخصی است که مورد آسیب دیدگی روحی شدیدی واقع شده است. کسی که حالت تدافعی به خود می‌گیرد، می‌گوید: «بسیار خوب، به زندگی خود ادامه

خواهم داد اما دیگر هرگز اجازه نمی‌دهم که کسی آنقدر به من نزدیک شود که بتواند مثل دفعهٔ قبل مرا برنجاند. بعد از این همیشه دیواری بین خود و دیگران قرار خواهم داد.»

آیا می‌دانید که با این روش چه کسی آسیب می‌بیند؟ خود شما. شخصیت شما از کار افتاده و ناقص می‌شود. رشد شخصیتی شما مثل درختی می‌شود که بعد از بریدن شاخ و برگش تنه‌ای بدشکل پیدا میکند.

در صحیفهٔ اشعیاء نبی خیانت با تصویری زنده رسم شده است. در آنجا خدا توسط اشعیا قوم خود را تسلّی می‌دهد. او تصویر وضعیّت آنها را چنان که خود می‌دید برایشان ترسیم کرد. آنها را به زنی تشبیه کرد که از سوی همسر خود طرد شده بود. این وضعیّت به شکل نگران کننده‌ای شبیه همان چیزی است که امروزه میلیونها زن با آن مواجهند، با این وجود، خداوند هنوز همان سخنان تسلّی دهنده را خطاب به آنها بیان می‌کند:

« مترس زیرا که خجل نخواهی شد و مشوّش مشو زیرا که رسوا نخواهی گردید چونکه خجالت جوانی خویش را فراموش خواهی کرد و عار بیوگی خود را دیگر به یاد نخواهی آورد. زیرا که آفرینندهٔ تو که اسمش یهوّه صبایوت است شوهر تو است و قدّوس اسرائیل که به خدای تمامی جهان مسمّی است ولی تو می‌باشد. زیرا خداوند تو را مثل زن مهجور و رنجیده دل خوانده است و مانند زوجهٔ جوانی که ترک شده باشد خدای تو این را می‌گوید.»

(اشعیاء ٥٤ :٤ـ٦)

این تصویر در آیهٔ پایانی با تصویر «زن مهجور و رنجیده دل و زوجهٔ جوانی که ترک شده» به اوج خود می‌رسد. بسیاری از شما این احساس را درک می‌کنید.

گاهی اوقات موضوع بر عکس می‌شود یعنی زن شوهر خود را طرد می‌کند. اگرچه انتظار داریم که مردها در مقایسه با زنها قویتر باشند اما با توجه به موارد زیادی که با آنها سروکار داشتم، می‌دانم که یک مرد وقتی احساس کند از سوی همسر خود طرد شده است، از غم غیر قابل توصیفی رنج می‌برد. ممکن است احساس کند که به عنوان یک مرد شکست خورده است. شاید در برخی موارد تجربهٔ چنین آسیبی برای او سخت‌تر باشد چون احساس شرمساری می‌کند. جامعهٔ ما از مردان انتظار دارد که در برابر دردهای عاطفی محکم و استوار باشند.

تصویر مذکور در کتاب اشعیا، بر دو چیز که معمولاً خیانت در ازدواج را همراهی می‌کنند، تأکید می‌نماید. خدا توسط اشعیا می‌گوید که «خجل نخواهی شد ...... رسوا نخواهی گردید». وقتی با کسی روراست باشید، او را با تمام وجود محبّت کنید و خود را وقف او کنید سپس ببینید که شما را رد کرده است، آنوقت تمام احساسی را که به شما دست می‌دهد می‌توان در دو چیز خلاصه کرد: خجالت و رسوایی.

اگر حس می‌کنید که نمی‌توانید با دیگران ارتباط برقرار کنید و یا مستقیماً به صورت کسی نگاه کنید، در واقع از خجالت رنج می‌برید. افراد خجالتی اغلب وقتی به‌کسی نزدیک می‌شوند، نگاه خود را به‌سوی دیگر برمی‌گردانند و یا به‌پایین نگاه می‌کنند. احساس خجالت ما را ضعیف کرده و ما را از انجام وظایفمان به‌عنوان یک انسان سالم باز می‌دارد.

علاوه بر خیانت ناشی از طلاق، احساس خجالت به دو طریق دیگر نیز ممکن است بر روح شخص عارض شود که عبارتند از: رسوایی در جمع و سوء استفادهٔ جنسی از کودک.

رسوایی در جمع اغلب در محیط مدرسه اتفاق می‌افتد. به‌طور مثال، من و همسرم با یک جوان خوب یهودی که او را در اینجا با اسم (Max) خواهیم خواند آشنا شدیم. این جوان عیسی مسیح را پذیرفته بود اما هنوز مشکلاتی داشت. یکبار در حین صحبت با او

فهمیدم که او خجالت می‌کشد. وقتی علتش را از او پرسیدم، در جواب من به خاطرات دوران دبیرستان خود برگشت. در پایان سال تحصیلی، مدیر مدرسه در حضور همهٔ دانش‌آموزان اعلام کرده بود که Max تنها کسی بود که در امتحانات رد شده و می‌بایست سال بعد همان کلاسها را دوباره بگذراند. از آن زمان به بعد، Max هیچوقت آن شخصی نبود که می‌بایست باشد. او همیشه بر اشتباهات خود سرپوش می‌گذاشت و همیشه برای آنکه ثابت کند که بهترین است با سخت کوشی بسیار و حتّی تهاجمی عمل می‌کرد. اما اگر شما مجبورید برای اثبات صلاحیتهای خود مدام مجادله کنید، حتماً جایی از کارتان اشکال دارد. Max نیاز داشت که خجالت را بشناسد و آن را اقرار کند.

احساس خیانت و خجالت به‌شکلی دیگر نیز برشخص عارض می‌شود و آن هنگامی است که شخص در دورهٔ کودکی مورد سوء استفادهٔ جنسی یا بدنی قرار گیرد. که هر دوی این موارد به طرز نگران کننده‌ای در جامعهٔ ما شایع هستند. ممکن است کودک آزاد نباشد که این مسئله را با هر کسی در میان بگذارد و اغلب، یکی از والدین، پدربزرگ یا مادربزرگ و یا یکی از اقوام مسئول این سوءاستفاده است و کودک قربانی نمی‌داند که می‌تواند باز هم به آن خویشاوند اعتماد کند یا خیر. بنابراین شخص به طور مدام با رفتارهای متضاد خود در کشمکش است که از یک سو عبارتند از بی‌اعتمای و از سوی دیگر اجبار او برای رعایت احترام طرف مقابل. اما یک کودک چطور می‌تواند به پدر یا مادری که از او سوءاستفاده کرده احترام بگذارد؟

ممکن است شخص بدون حل مشکل خود همچنان به زندگی ادامه دهد و مشکل او به صورت یک راز شرم آور باقی می‌ماند. با این وجود شما همیشه می‌توانید دل خود را در حضور خداوند باز کرده و همهٔ اسرار مخفی خود را به او بگویید. او از شنیدن سخنان شما هیچ وقت ناراحت و یا شوکّه نمی‌شود و هرگز شما را طرد نخواهد کرد. می‌توانید بدترین

اتفاقی را که برایتان افتاده به او بگویید و او به شما خواهد گفت: «من تمام این مدّت از موضوع باخبر بودم و هنوز هم دوستت دارم».

اگرچه خدا ما را کاملاً می‌پذیرد، اما درک ما از محبّت او اغلب با موانع تأثیرگذاری همچون طرد شدن، خیانت و خجالت مواجه و باز داشته شده است که البته این مسئله را در فصل بعدی شرح خواهم داد.

فصل چهارم

«نتایج طرد شدن»

به عقیدهٔ من اولین نتیجهٔ طرد شدن، ناتوانی در دریافت محبّت و یا محبّت کردن است. کسی که هرگز محبّت شدن را تجربه نکرده، نمی‌تواند محبّت را ابراز کند. کتاب‌مقدس این حقیقت را بدین شکل بیان می‌کند:

«ما او را محبّت می‌نماییم زیرا که او اول ما را محبّت نمود.» (اول یوحنا ٤ :۱۹)

محبّت خداست که محبّت ما را نسبت به او بر می‌انگیزد. محبّت تا زمانی که توسط شخصی دیگر تحریک نشود، راکد می‌ماند. بدون این عمل متقابل، محبّت هرگز وارد زندگی ما نمی‌شود.

از این رو، اگر شخص محبّت خدا یا والدین را نشناسد، ناتوانی در ابراز محبّت در او از نسلی به نسل دیگر منتقل خواهد شد. به عنوان مثال، یک دختر کوچک در خانواده‌ای متولد می‌شود که در آن از محبّت خبری نیست. او زخم طرد شدگی را بر خود دارد در نتیجه نمی‌تواند کسی را محبّت کند. سالها می‌گذرد. او بزرگ می‌شود، ازدواج می‌کند و مادر شده صاحب یک فرزند دختر می‌شود. از آنجا که او نمی‌تواند از طریق محبّت کردن ارتباط برقرار کند، دختر او نیز دچار همان مشکل می‌شود. نتیجتاً این مشکل وحشتناک از نسلی به نسل دیگر تداوم می‌یابد.

در خدمت به چنین افرادی، اغلب گفته‌ام که: «این مسئله باید در نقطه‌ای متوقّف شود. پس چرا آن زمان حالا نباشد تا بدین وسیله از ادامهٔ آن به نسل بعدی جلوگیری کنید؟ آیا احساس طرد شدن میراثی است که می‌خواهید آن را برای فرزندان خود بگذارید؟»

خدا توسط حزقیال نبی به قوم خود گفت که فرزندان مجبور نیستند تاوان خطایای اجداد خود را پس بدهند:

«و کلام خداوند بر من نازل شده گفت شما چکار دارید که این مثل را دربارهٔ زمین اسرائیل می‌زنید و می‌گویید پدران انگور ترش خوردند و دندانهای پسران کند گردید. خداوند یهوه می‌گوید به حیات خودم قسم که بعد از این این مثل را در اسرائیل نخواهید آورد. اینک همهٔ جانها از آن منند چنانکه جان پدر است همچنین جان پسر نیز هر دوی آنها از آن من می‌باشند هر کسی که گناه ورزد او خواهد مرد ....

و (کسی که) به فرایض من سلوک نموده و احکام مرا نگاه داشته به راستی عمل نماید خداوند یهوه می‌فرماید که آن شخص عادل است و البته زنده خواهد ماند».

(حزقیال ۱۸: ۱ـ٤ و ۹)

بنابراین، اگر والدین‌تان هرگز به شما ابراز محبّت نکردند، خدا نمی‌خواهد که شما یا فرزندتان تاوان اشتباهات آنها را پس بدهید. با پذیرش شرط خدا می‌توانید آن میراث شریر را یکبار و برای همیشه از خود دور کنید. علاوه بر ناتوانی در ابراز محبت، طرد شدن نتایج دیگری نیز با خود به همراه دارد. به عقیدهٔ من، حس طرد شدگی سه گروه از افراد را بوجود

می‌آورد: کسی که زود تسلیم می‌شود، کسی که مقاومت می‌کند و کسی که احساسات خود را بروز نمی‌دهد.

نخست اجازه دهید به خصوصیّات شخصی که زود تسلیم می‌شود توجه کنیم. چنین شخصی فکر می‌کند، «من نمی‌توانم این وضع را تحمّل کنم، زندگی برایم سخت است و کاری از دستم بر نمی‌آید.»

در ارتباط با این افراد به تجربه فهمیده‌ام که چنین عکس‌العملی راه را برای پدید آمدن مجموعه‌ای از احساسات و رفتارهای منفی می‌گشاید که ترتیب پدید آمدن این احساسات و رفتارها بدین قرار است.

حس طرد شدگی

احساس تنهایی

دل سوزی به حال خود

پریشانی

افسردگی

احساس ناامیدی

مرگ یا خودکشی

آخرین نتیجه، بسیار غم‌انگیز است. البته بسیاری از افراد نمی‌خواهند به این نقطه برسند، اما این نتیجهٔ منطقی مراحلی است که در مسیر طرد شدگی قرار دارند. اینکه این نتیجه به صورت مرگ باشد یا خودکشی، بستگی به ساختار عواطف هر شخص دارد. کسی که عکس‌العمل‌هایی اساساً مجهول از خود نشان می‌دهد سرانجام تسلیم مرگ می‌شود. حس طرد شدگی یک عامل است، و آن هم عاملی مؤثر در بسیاری از مرگ‌هایی که به عوامل طبیعی نسبت داده می‌شوند.

شخصی که مسیر منتهی به مرگ را دنبال می‌کند، تمایلی درونی به مردن دارد. آیا شما تا بحال چنین اظهار نظرهایی کرده‌اید: «مردن بهتر است» یا «زندگی چه فایده‌ای دارد؟» صحبت کردن بدین شکل بسیار خطرناک است. چون در واقع دارید روح مرگ را به درون خود دعوت می‌کنید.

در مقابل، شخصی که رفتاری مخرب‌تر دارد به عنوان راه حلّی اساسی، به خودکشی روی می‌آورد. چنین اشخاصی هم ممکن است از خود بپرسند: «زندگی چه فایده‌ای دارد؟» اما به سخن خود چنین اضافه می‌کنند: «شاید بتوانم همه چیز را تمام کنم.» اغلب در حالت مخرب‌تر شخص خودکشی را راهی برای آسیب رساندن به آنانی می‌بیند که باعث ناراحتی او شده‌اند. چنین الگوی فکری‌ای به این صورت است: «من تلافی می‌کنم. حالا از کار من عذاب خواهند کشید!»

جدیدترین نوع خودکشی‌ها در بین جوانان آمریکایی، مبارزه کردن است. بر اساس آمار بدست آمده از مرکز ملی آمار سلامتی، بیش از ۵۰۰۰ جوان و نوجوان بین سنین پانزده و بیست و چهارساله در سال ۱۹۹۰ خودکشی کردند. در بسیاری موارد، ریشهٔ تشخیص داده نشدهٔ این خودکشی‌ها، حس طرد شدگی بود. شاید نتوانستند این احساس خود را به زبان بیاورند اما در اعماق وجود خود احساس می‌کردند که ناخواسته و بی‌اهمیّت هستند.

آیا در این لحظه فکر می‌کنید که بعضی نشانه‌هایی را که ذکر کردم در خود دارید؟ اگر می‌بینید که در حال از دست دادن تسلط خود بر رفتارهایتان هستید، باید بگویم که شما تنها در حال مبارزه با رفتارهای منفی خود نیستید بلکه امکان دارد نیروی شیطانی در حال استفاده از این رفتارهای شما است.

از چنین احتمالی چشم‌پوشی نکنید. حل کردن مشکل‌تان می‌تواند قدم بزرگی در جهت غلبه بر این حالت باشد. در فصل بعدی به شما نشان می‌دهم که چگونه علیه چنین نفوذ شریرانه‌ای دعا کنید.

دومین الگوی شخصیتی که بر اثر حس طرد شدگی بوجود می‌آید، حالت شخصی است که تسلیم شدن را نمی‌پذیرد و نوعی سد دفاعی در برابر خود می‌سازد. این دفاع در واقع یک پوشش ظاهری است یعنی، چیزی که اندوه و کشمکش درونی شخص را می‌پوشاند. کسی که در برابر خود سد دفاعی می‌سازد، معمولاً ظاهر خوشحالی دارد. او ممکن است فردی معاشرتی و خوش سخن باشد اما صدای او حالتی سرد و بی‌عاطفه دارد. زنی که چنین وضعی دارد، اغلب بیش از اندازه آرایش می‌کند، رفتارهایش بگونه‌ایست که سعی در جلب توجه دیگران دارد. صدای او بلندتر از حد معمول است. او ناامیدانه سعی می‌کند که خوشحال بنظر برسد گویی که آسیبی ندیده است، از درون مشکلی ندارد و از زندگی‌ای عالی بهره می‌برد. در واقع آنچه او در درون خود به آن می‌اندیشد این است که: «چنان آسیبی به من رسیده که دیگر هرگز به کسی اجازه نمی‌دهم دوباره آنطور به من آسیب برساند. دیگر به هیچ کس اجازه نخواهم داد آنقدر به من نزدیک شود که بتواند به من آسیب برساند.»

چنین عکس‌العملی همانطور که قبلاً گفتم، یک نوع پاسخ به خیانت است. امروزه هزاران نفر در آمریکا چنین وضعیتی دارند.

در سومین گروه، شخص تسلیم نمی‌شود، بلکه با هر چیزی می‌جنگد. نوع عکس‌العملهای او به حس طرد شدگی معمولاً به این صورت است، نخست، رنجش، دوم، احساس تنفر و بالاخره، سرکشی که بر اساس کتاب‌مقدس، با جادوگری هیچ فرقی ندارد

« زیرا که تمرّد مثل گناه جادوگری است»

(اول سموئیل ۱۵ :۲۳).

گناه جادوگری یعنی وارد شدن در امور سحر و جادو و جستجو برای تجربیات غلط روحانی. سحر و جادو شامل استفاده از صفحهٔ مخصوص احضار ارواح، جدولهای طالع‌بینی، فال‌گیری، جلسات احضار ارواح، مواد مخدّر و تجربه کردن امور مشابه است. این گناه واقعاً نوعی سرکشی است. روگرداندن از خدای حقیقی به سوی یک خدای غیرواقعی و سرپیچی از نخستین فرمان خداست:

«تو را خدایان دیگر غیر از من نباشد» **(خروج ۲۰ :۳).**

اساساً، نسل جوانانی که در دههٔ ۱۹۶۰ رشد کردند، به راه رنجش، تنفّر، سرکشی و اغلب جادوگری رفتند. همانطور که قبلاً گفتم، دلیل چنین فاجعه‌ای این نبود که نیازهای مادی آنها رفع نشد بلکه به این خاطر بود که آنها محروم از محبّت بودند که تنها نیاز آنها بود.

در قسمت بعدی، آنچه را که عیسی خداوند برای شفای زخمهای ناشی از حس طرد شدگی انجام داده، بررسی خواهیم کرد.

فصل پنجم

«طرد کامل»

هرچه را که خدا در انجیل مهیا کرده، عین واقعیت است که می‌تواند در سه مقوله خلاصه شود که عبارتند از حقایق، ایمان و احساسات.

انجیل بر اساس سه حقیقت ساده استوار است: مسیح مطابق پیشگوئیهای کتاب‌مقدس برای گناهان ما فدا شد، دفن گردید و روز سوم برخاست. اول قرنتیان ۱۵: ۳ـ٤ نشان می‌دهد که این حقایق اساس کل انجیل را تشکیل می‌دهند و عین حقیقتند. ایمان نیز مطابق این حقایق است و با چنین حقایقی شروع می‌شود، ایمان می‌پذیرد، باور می‌کند و مطابق آنها عمل می‌کند. بعد از حقایق و ایمان، نوبت به احساسات می‌رسد.

اینکه ایمان شما بر اساس حقایق باشد یا احساسات، بسیار فرق می‌کند. اگر بر اساس احساسات باشد، شما شخصی ناآگاه و ناآرام خواهید بود. با تغییر شرایط، احساسات شما نیز ممکن است تغییر کنند اما حقایق هیچ وقت عوض نمی‌شوند. اگر می‌خواهیم به عنوان ایماندار پیشرفت کنیم، باید یاد بگیریم که حقایق را باور کنیم حتی وقتی که احساسات ما موجب شوند نسبت به آن حقایق شک کنیم.

جهت دریافت درمان خدا برای احساس طرد شدگی، دو حقیقت اساسی وجود دارد که می‌باید به آنها تکیه کنید. نخست آنکه، خدا برای نیازهای متعدد انسانی، درمانهای مختلفی ارائه نداده است. در عوض، او یک درمان همه جانبه مهیا فرمود که تمام نیازهای مردم را برطرف می‌سازد و آن عبارتست از مرگ فداکارانهٔ عیسی مسیح بر روی صلیب.

دوم اینکه، کاری که بر روی صلیب انجام شد، معامله‌ای بود که خود خدا انجام آن را تدارک دیده بود. در آنجا همهٔ عواقب بد گناهان ما بر مسیح قرار گرفت تا در مقابل تمام منافع اطاعت بدون گناه او نصیب ما گردد. ولی ما به نوبهٔ خود کاری انجام نداده بودیم که لایق چنین برکتی باشیم و حق نداریم که بر آن ادعایی بنمائیم. چون چنین عملی منحصراً بر اساس محبّت ژرف خدا انجام شد.

بنابراین، کار بیهوده‌ای است که بر اساس برخی شایستگیها با فضایلی که گمان می‌کنیم صاحب آنها هستیم به خدا نزدیک شویم. هر قربانی‌ای هم که ما به خدا تقدیم کنیم قابل مقایسه با لیاقت و شایستگی قربانی‌ای که عیسی به جای ما تقدیم کرد، نیست. برابر قربانی پسر مقدّس و پاک خدا که برای پرداخت جریمهٔ گناهان ما فدا شد، «همهٔ اعمال عادلهٔ ما مانند لتّهٔ ملوّث می‌باشد» (اشعیا ٥٤ :٦). این مکاشفه شگفت‌انگیز در شعر زیر چنین خلاصه می‌شود:

چقدر عظیم و عجیب و نیز رایگان است محبّت خدا برای گنهکاری همچون من

همین که آیات زیر را می‌خوانید، به مفاهیم متعدّد عملی که روی صلیب انجام شد پی خواهید برد:

«مسیح ما را از لعنت شریعت فدا کرد چونکه در راه ما لعنت شد چنانکه مکتوب است ملعون است هر که بر دار آویخته شود.« تا برکت ابراهیم بوسیلهٔ مسیح عیسی بر امّتها آید و تا وعدهٔ روح را به وسیلهٔ ایمان حاصل کنیم.»

(غلاطیان ۳: ۱۳ـ١٤)

«زیرا او را که گناه نشناخت، در راه ما گناه ساخت تا ما در وی عدالت خدا شویم» (دوم قرنتیان ۵: ۲۱)

«زیرا که فیض خداوند ما عیسی مسیح را می‌دانید که هرچند دولتمند بود برای شما فقیر شد تا از فقر او دولتمند شوید» (دوم قرنتیان ۸ :۹)

«اما او (عیسی) را که اندکی از فرشتگان کمتر شد، می‌بینیم یعنی عیسی را که به زحمت موت تاج جلال و اکرام بر سر وی نهاده شد تا به فیض خدا برای همه ذائقهٔ موت را بچشد (عبرانیان ۲ :۹)

آیا متوجهٔ معامله‌ای که خدا با ما انجام داد می‌شوید؟ مسیح لعنت ما را گرفت تا ما برکت او را بیابیم. او گناه ما را بر خود گرفت تا ما صاحب عدالت او شویم. او فقر ما را گرفت تا ما دولت او را بیابیم و مرگ ما را بر خود گرفت تا حیات او را بیابیم. آیا این زیبا نیست؟

این معامله همچنین شامل خجالت و حس طرد شدگی ما هم می‌شود. نویسندهٔ رساله به عبرانیان می‌گوید:

«و به سوی پیشوا و کامل کنندهٔ ایمان یعنی عیسی نگران باشیم که به جهت آن خوشی که پیش او موضوع بود بی‌حرمتی را ناچیز شمرد»
(عبرانیان ۱۲ :۲)

عیسی از آن شرم و رسوایی‌ای که می‌باید بر صلیب تجربه می‌کرد، به خوبی آگاه بود. در واقع یکی از اهداف اولیهٔ مصلوب کردن این بود که شخص را رسوا سازند. وقتی شخص روی صلیب عریان آویزان می‌شد، تماشاگرانی که از آنجا رد می‌شدند، چیزهای اهانت‌آمیزی می‌گفتند و کارهای ناپسندیده و موهنی انجام می‌دادند که نمی‌خواهم آنها را بیان کنم. اشعیاء در رؤیایی نبوّتی زحمات عیسی را هفتصد سال پیش از وقوع آنها دید و چنین گفت:

«پشت خود را به زنندگان و رخسار خود را به مو کنان دادم و روی خود را از رسوایی و آب دهان پنهان نکردم» (اشعیاء ۵۰: ۶)

عیسی اهانت بر روی صلیب را به خاطر ما مشتاقانه متحمّل شد. خدا در مقابل این کار عیسی چه چیزی به ما عطا می‌فرماید؟ دوباره به کتاب اشعیاء نگاهی بیندازیم:

«به عوض خجالت نصیب مضاعف خواهید یافت و به عوض رسوایی از نصیب خود مسرور خواهند شد» (اشعیاء ۶۱: ۷)

به جای کلمهٔ «رسوایی» کلمات «پریشانی یا حقارت» را ترجیح می‌دهم. یعنی به جای رسوایی شخصی، پریشانی و حقارت، خدا به ما جلال و شادی ارزانی داشت. عبرانیان ۲: ۱۰ بیشتر توضیح می‌دهد که خدا از طریق رنج و مرگ عیسی مسیح، خواست تا «فرزندان بسیار را وارد جلال بگرداند».

شادی، احترام و جلال، همهٔ اینها در عوض خجالت و رسوایی به ما ارزانی شده‌اند. حال می‌رسیم به عمیق‌ترین زخم موجود یعنی طرد شدگی. عیسی متحمّل طردشدگی مضاعف شد. نخست ازسوی مردم و بعد از سوی خود خدا.

اشعیاء نبی طرد شدن عیسی را از سوی افراد قوم خود به روشنی به تصویر کشید:

«خوار و نزد مردمان مردود و صاحب غمها و رنج دیده و مثل کسی که رویها را از او بپوشانند و خوار شده که او را به حساب نیاوردیم.»
(اشعیاء ۵۳: ۳)

و هنوز بلایای بدتری باید بر سر نجات دهندهٔ ما می‌آمد. آخرین لحظات زندگی عیسی روی صلیب در انجیل متی اینگونه توصیف شده‌اند:

«و از ساعت ششم (نیمهٔ روز) تا ساعت نهم (ساعت ۳ عصر) تاریکی تمام زمین را فرو گرفت. و نزدیک به ساعت نهم عیسی به آواز بلند صدا زده

گفت ایلی ایلی لما سبقتنی یعنی الهی الهی مرا چرا ترک کردی؟ اما بعضی از حاضرین چون این را شنیدند گفتند که او الیاس را می‌خواند. در ساعت یکی از آن میان دویده اسفنجی را گرفته و آن را پر از سرکه کرده بر سر نی گذارد و نزد او داشت تا بنوشد. و دیگران گفتند بگذار تا ببینیم که آیا الیاس می‌آید او را برهاند. عیسی باز به آواز بلند صیحه زده روح را تسلیم نمود. که ناگاه پردهٔ هیکل از سر تا پا دوپاره شد و زمین متزلزل و سنگها شکافته گردید.»
(متی ۲۷ :٤٥ـ ٥١)

برای نخستین بار در تاریخ جهان، پسر خدا دعا کرد اما پدر دعای او را جواب نداد. خدا روی خود را از پسرش برگرداند. او گوشهای خود را از شنیدن نالهٔ او باز داشت. چرا؟ زیرا در آن زمان عیسی گناه ما شده بود. رفتار خدای پدر نسبت به عیسی باید همان برخورد قدّوسیت خدا نسبت به گناهان ما می‌بود یعنی ردّ دوستی و به عبارتی یک طرد کامل و مطلق. عیسی آن طرد شدن را به خاطر خودش تحمّل نکرد بلکه تا روح خود را قربانی‌ای برای گناهان ما بسازد.

این مطلب که عیسی در آن لحظهٔ غمناک بر روی صلیب به زبان *آرامی* سخن گفت، برایم بسیار پرمعنی است. وقتی از بیماران در بیمارستان عیادت می‌کردم شاهد چنین رفتاری بوده‌ام. اشخاص وقتی تحت فشاری واقعی باشند، مثلاً شدیداً بیمار بوده و یا در چند قدمی مرگ باشند، اغلب به زبانی که در کودکی آموخته‌اند، سخن می‌گویند. من بارها شاهد این امر بوده‌ام اما در مورد همسر اوّلم، لیدیا، این مسئله را به وضوح به یاد می‌آورم. وقتی او آخرین نفس خود را می‌کشید، تکرار کرد: "Tak for blodet, Tak for blodet" که به زبان دانمارکی که زبان مادری او بود، یعنی «تو را به خاطر آن خون شکر می‌کنم».

توصیف انجیل متی از لحظات آخر مسیح بر صلیب تصویر واضحی از انسانیت عیسی را نشان می‌دهد. وقتی او از درد و غم شدید رنج می‌برد، ذهن او زبانی را بکار گرفت که او در خانهٔ دوران کودکی خود به آن سخن می‌گفت. او به زبان آرامی فریاد کرد. (٤٥)

لحظه‌ای، به آن تاریکی وحشتناک فکر کنید. به تنهایی و احساس ترک شدن مطلق او نخست از سوی مردم و بعد از جانب خدا بیندیشید. من و شما ممکن است طرد شدن را تا حدودی تجربه کرده باشیم اما هرگز احساسمان به آن اندازه‌ای که مسیح تجربه کرد نبوده است. او پیالهٔ مطرود شدن را تا آخرین قطرهٔ تلخش نوشید. او می‌بایست چند ساعت بیشتر بر صلیب زنده می‌ماند، اما بر اثر شکستن قلب بود که مرد. چه چیزی قلب او را شکست؟ حس طرد شدگی مطلق. حال به نتایج این امر توجه کنید که بسیار حزن‌انگیز و در عین حال سریع بود: *«که ناگاه پردهٔ هیکل از سر تا پا دوپاره شد.»* (متی ۲۷ :٥١)

منظور این آیه چیست؟ پاسخ بسیار ساده است: اینکه مانع بین خدا و انسان برداشته شد. راه برای آمدن انسان به حضور خدا آنهم بدون خجالت، گناه و ترس، باز شد. عیسی طرد شدگی ما را بر خود گرفت تا ما بتوانیم پذیرش او را تجربه کنیم. این معنی دوپاره شدن پرده است. طرد شدن از سوی پدر فوق از تحمل عیسی بود. اما خدا را شکر که نتیجهٔ کار مسیح، دخول مستقیم ما به حضور خدا شد.

حالا ببینید که خدا چگونه پذیرش ما را تکمیل نموده و به انجام رسانیده است:

«متبارک باد خدا و پدر خداوند ما عیسی مسیح که ما را مبارک ساخت به هر برکت روحانی در جایهای آسمانی در مسیح. چنانکه ما را پیش از بنیاد عالم در او برگزید تا در حضور او مقدّس و بی‌عیب باشیم. که ما را از قبل تعیین نمود تا او را پسر خوانده شویم به وساطت عیسی مسیح بر حسب

خوشنودی ارادهٔ خود. برای ستایش جلال فیض خود که ما را مستفیض گردانید در آن حبیب.» (افسسیان۱ :۳ـ۶)

هدف ازلی خدا پیش از آفرینش چه بود؟ اینکه فرزندان او و پسران و دختران او بشویم. این هدف تنها از طریق مرگ نیابتی عیسی بر روی صلیب به انجام می‌رسید. وقتی او گناهان ما را بر خود گرفت و طرد شدگی ما را متحمّل شد، راه را برای مورد قبول واقع شدن ما در حضور خدا باز کرد. در آن لحظه مسیح مقام خود را به عنوان پسر خدا از دست داد تا ما به مقام پسران و دختران خدا برسیم.

در افسسیان ۱ :۶ می‌خوانیم: «برای ستایش جلال فیض خود که ما را مستفیض گردانید در آن حبیب:» این درمان طرد شدگی است، یعنی درک این حقیقت که عیسی طرد شدگی ما را بر خود گرفت تا ما مقبولیت او را بیابیم.

به عمق این مکاشفه بیندیشید! ما هدف توجّهات و مراقبتهای خاص خدا هستیم. ما در فهرست چیزهایی که او می‌باید در جهان از آنها مراقبت کند، نخستین اولوّیت هستیم. چنین نیست که او ما را کنار گذاشته و بگوید: «همانجا منتظر بمان. من فعلاً مشغولم و در حال حاضر برای تو وقت ندارم.» یا اینکه فرشته‌ای نمی‌آید و به ما نمی‌گوید: «سروصدا نکن. بابا خواب است.»

بلکه خدا می‌گوید: «داخل شو، خوش آمدی. تو مورد توجه من هستی. تو را دوست دارم و تو را می‌خواهم. من مدّت زیادی انتظار تو را کشیدم.»

در مثل پسر مسرف در لوقا ۱۵ :۱۱ـ۳۲ احساس قلبی خدا نسبت به ما توسط پدر این داستان نشان داده شده است که آنقدر مشتاق بازگشت پسر خود بود که بیرون ایستاده و چشم به راه بود. لازم نبود کسی بیاید و به او بگوید: «پسرت دارد می‌آید.» اولین کسی که با

خبر شد، خود پدر بود. رفتار خدا نسبت به ما در مسیح مثل آن پدر است. ما دیگر مطرود و یا شهروندان درجه دو و یا غلام نیستیم.

وقتی پسر مسرف برگشت، می‌خواست تنها خدمتکاری در خانهٔ پدر خود باشد. قصد داشت به او بگوید «پدر، مرا چون یکی از مزدوران خود بگیر» (لوقا ۱۵: ۱۸ و ۱۹). اما وقتی پسر به گناهان خود اعتراف کرد، پدر سخنان او را قطع کر د و هرگز اجازه نداد بگوید: «مرا چون یکی از مزدوران خود بگیر.»

برعکس، پدر گفت: «جامهٔ بهترین را از خانه آورده بدو بپوشانید. انگشتری بر دستش کنید و نعلین بر پایهایش و گوسالهٔ پرواری را آورده ذبح کنید تا بخوریم و شادی نمائیم. زیرا که این پسر من مرده بود زنده گردید و گم شده بود یافت شد. پس به شادی کردن شروع نمودند.» (آیات ۲۲ـ۲٤).

در نتیجه همهٔ اهل خانه نیز به پسر خوشامد گفتند. در آسمان هم، چنین است. عیسی گفت: «به شما می‌گویم که بر این منوال خوشی در آسمان رخ می‌نماید به سبب توبهٔ یک گناهکار بیشتر از برای نود و نه عادل که احتیاج به توبه ندارند» (لوقا ۱۵: ۷). خدا به همین صورت از ما در مسیح استقبال می‌کند.

پس در اینجا در حقیقت وجود دارد که می‌باید به آنها تمسک جوئیم. اول اینکه، مسیح طرد شدگی ما را به همراه خجالت، خیانت، غم و دل شکستگی‌مان بر صلیب خود متحمّل شد. در واقع او در اثر ترکیدن قلب جان داد.

دوم اینکه، ما به خاطر مطرود شدن اوست که پذیرفته شده‌ایم. تنها به این وسیله مورد قبول واقع شده‌ایم. همه چیز یک معامله بود. عیسی متحمّل شرارتهای ما شد تا ما نیکویی او را بیابیم. او غمهای ما را بر خود گرفت تا ما شادی او را بیابیم. بعضی اوقات فقط لازم است به این دو حقیقت تکیه کنیم.

چند سال پیش، من در کنفرانسی مهم شرکت کرده بودم و هنگامی که داشتم برای انجام موعظه می‌رفتم، ناگهان با خانمی که با سرعت در جهت مخالف حرکت می‌کرد، برخورد کردم. در حالی که نفس نفس می‌زد گفت: «اوه برادر پرینس، داشتم دعا می‌کردم که اگر خدا می‌خواهد با شما صحبت کنم، اجازه دهد که به طریقی یکدیگر را ببینیم.»

به او گفتم: «بسیار خوب حالا ما یکدیگر را دیدیم. مشکل شما چیست؟ من می‌توانم به شما دو دقیقه وقت بدهم چون باید موعظه کنم.» او شروع به صحبت کرد، اما بعد از نیم دقیقه حرف او را قطع کردم و گفتم: «صبر کنید، من می‌دانم مشکل شما چیست. لازم نیست که بیشتر از این ادامه دهید.

مشکل شما، طرد شدگی است. جواب شما پیش من است. گوش کنید. از شما می‌خواهم که با صدای بلند با من اینطور دعا کنید.»

پیشاپیش به او نگفتم که می‌خواستم چه بگویم. فی‌البداهه دعا کردم و او عبارت به عبارت دعایم را تکرار می‌کرد:

خدای پدر، شکرت می‌کنم که مرا دوست داری و پسر خود عیسی را بخشیدی تا به جای من فدا شود که او گناهان مرا متحمّل شده و طرد شدگی مرا بر خود گرفت و جریمهٔ مرا پرداخت. چون من حالا توسط او به حضور تو می‌آیم، دیگر طرد شده، ناخواسته و دور انداخته شده نیستم. تو واقعاً مرا دوست داری. من حقیقتاً فرزند تو هستم و تو واقعاً پدر من هستی. به خانوادهٔ تو تعلّق دارم. من به بهترین خانوادهٔ دنیا تعلّق دارم. آسمان خانهٔ من است و من واقعاً به آنجا متعلّق هستم. خدایا از تو متشکرم متشکرم.

بعد از پایان دعا، گفتم: «آمین. خداحافظ دیگر باید بروم». و رفتم.

حدود یک ماه بعد، نامه‌ای از آن خانم به دستم رسید. او بعد از توصیف چگونگی برخوردمان گفت: «می‌خواستم به شما بگویم آن دو دقیقه‌ای را که صرف من کردید و دعایی که کردیم زندگی مرا کاملاً عوض کرد و من از آن زمان به بعد شخص دیگری شده‌ام.»

وقتی نامهٔ او را خواندم، فهمیدم که در لحظهٔ دعا چه اتفاقی برایش افتاده بود، او از طرد شدگی به مقبولیّت رسیده بود.

خانوادهٔ خدا بهترین خانواده‌هاست. هیچ خانواده‌ای درست مانند آن نیست. حتّی اگر خانواده‌تان به شما اهمیّت نداده‌اند، پدرتان شما را طرد کرده، مادرتان هرگز وقتی برای شما نداشته است یا شوهرتان هیچ به شما ابراز محبّت نکرده، به خاطر داشته باشید که خدا شما را می‌خواهد. شما مقبول او و مورد علاقهٔ او هستید و شما هدف مراقبتها و محبّت ویژهٔ او هستید. هرآنچه که او در جهان انجام می‌دهد به خاطر ما است.

پولس رسول به قرنتیان - که در حقیقت مسیحیان درجه یکی هم نبودند، گفت: «زیرا که همه چیز برای شما است» (دوم قرنتیان ٤ :١٥). هر کاری که خدا انجام می‌دهد، آن را برای ما انجام می‌دهد. وقتی این حقیقت را درک کردید، مغرور نخواهید شد بلکه بر عکس این موضوع شما را فروتن خواهد ساخت. وقتی فیض خدا را می‌بینید، دیگر جایی برای غرور باقی نمی‌ماند.

مهمتر از همه اینکه دعای پیش از مصلوب شدن عیسی نه تنها برای شاگردانش بود که او را پیروی می‌کردند بلکه شامل حال همهٔ کسانی نیز می‌شد که در آینده او را پیروی می‌کردند (یوحنا ۱۷ :۲۰ را ملاحظه کنید). آن دعا در مورد ارتباط ما با خدا به عنوان پدرمان بود و اینچنین تمام شد:

«ای پدر عادل، جهان تو را نشناخت اما من تو را شناختم و اینها شناخته‌اند که تو مرا فرستادی. و اسم تو را به ایشان شناسانیدم و خواهم شناسانید تا آن محبّتی که به من نموده‌ای در ایشان باشد و من نیز در ایشان باشم.»

(یوحنا ۱۷ :۲۵ـ۲٦)

عیسی چگونه خدا را به ما شناسانید؟ به عنوان پدر. یهودیان به مدت چهارده قرن خدا را به عنوان یهوّه می‌شناختند و تنها کسی که می‌توانست او را به عنوان پدر معرّفی کند، پسرش بود. عیسی در این دعا، شش بار خدا را پدر خطاب کرد (آیات ۱، ۵، ۱۱ , ۲٤, ۲۵).

وقتی عیسی چنین دعا نمود « .... و خواهم شناسانید (آیهٔ ۲٦)، در واقع عیسی این مطالب را می‌گفت که او همچنان به آشکار ساختن خدا به عنوان پدر ادامه خواهد داد. سپس به هدف این مکاشفه می‌رسیم:

«....... تا آن محبّتی که به من نموده‌ای در ایشان باشد و من نیز در ایشان باشم.» (یوحنا ۱۷ :۲٦).

آنچه من از این آیه می‌فهمم این است که چون عیسی در ما زندگی می‌کند، خدا دقیقاً همان محبّتی را که نسبت به عیسی دارد به ما نیز نشان می‌دهد. به همان اندازه که عیسی برای خدا عزیز است ما نیز برای او عزیز هستیم. اما یک مفهوم دیگر نیز وجود دارد، اینکه، چون عیسی در ما زندگی می‌کند، می‌توانیم خدا را همانطور که عیسی دوست دارد، دوست داشته باشیم. پس هدف نهایی خدمت زمینی عیسی این بوده که: ما را وارد همان رابطهٔ محبّت‌آمیزی بکند که بین پدر و پسر وجود دارد. این امر دو جنبه دارد: نه فقط پدر ما را همانند عیسی دوست می‌دارد بلکه ما هم می‌توانیم متقابلاً پدر را مثل عیسی محبّت کنیم و دوست داشته باشیم.

رسول محبّت به ما چنین می‌گوید:

«در محبّت خوف نیست، بلکه محبّت کامل خوف را بیرون می‌اندازد» (اول یوحنا ٤: ١٨).

همینکه این ارتباط محبت‌آمیز را با خدا گسترش می‌دهیم، دیگر جایی برای اشتباه از احساس ناامنی یا مطرود بودن باقی نمی‌ماند. شاید شما خاطرات ناخوشایندی را از پدر جسمانی خود داشته باشید. خدا می‌خواست که هر پدری آنچه را که او هست آشکار سازد اما بسیاری از آنها نتوانستند و در این قسمت شکست خوردند. با اینحال، هنوز پدر آسمانی‌ای دارید که دوستتان دارد، شما را درک می‌کند، به بهترینهای شما فکر می‌کند و بهترین نقشه‌ها را برایتان می‌کشد. او هرگز شما را ترک نخواهد کرد، نسبت به شما دچار سوءتفاهم نخواهد شد، هرگز جانب طرف مخالف شما را نخواهد گرفت و هرگز شما را طرد نخواهد کرد. برای خیلی از افراد، اعلام سادهٔ پذیرش در مسیح و پدر بودن خدا برایشان، مشکل طرد شدگی طرد شدگی آنها را حل می‌کند. اما برای عدهٔ دیگر ممکن است به تنهایی کافی نباشد. اگر احساس می‌کنید این مشکل هنوز در شما حل نشده، ممکن است به کمک بیشتری نیاز داشته باشید. در این صورت مرا در فصل بعدی همراهی کنید تا توضیح دهم که برای مؤثر شدن کار خدا در زندگی‌تان، چه قدمهای عملی‌ای می‌توانید بردارید.

فصل ششم

« چگونه درمان را درخواست کنیم »

تا اینجا، شما به روح‌القدس اجازه داده‌اید که میلهٔ جراحی خود را در زخم شما فرو برده و جسم خارجی را که موجب درد و عفونت شده بود، نمایان کند. آیا اکنون آماده هستید که درمان خدا را بپذیرید؟ اگر اینطور است، شما باید پنج اقدام متوالی را انجام دهید.

قدم اول: ماهیت مشکل خود را بشناسید و آن را با اسم صحیحش یعنی حس طرد شدگی بخوانید. خدا همیشه باید ما را در حالی قرار دهد که با حقیقت امر روبرو شویم هرچند ممکن است لحظهٔ روبرو شدن با حقیقت دردناک به نظر برسد، اما پیش از برخوردار شدن از کمک خدا باید با حقیقت رویاروی شویم.

قدم دوم: عیسی را الگوی خود قرار دهید.
«چونکه مسیح نیز برای ما عذاب کشید و شما را نمونه‌ای گذاشت تا در اثر قدمهای وی رفتار نمایید»
(اول پطرس ۲: ۲۱).

عیسی با حس مطرود شدن چگونه برخورد کرد؟ او به مدّت سه سال و نیم، زندگی خود را کاملاً صرف انجام اعمال نیکو، بخشش گناهان، آزاد کردن دیوزدگان و شفا دادن بیماران نمود. در پایان آن دوره، حاکم رومی، قوم عیسی یعنی یهودیان را در برابر انتخابی

قرار داد. او می‌خواست یکی از دو زندانی را یا عیسی ناصری و یا مجرمی به نام باراباس را که متهّم به ایجاد شورش سیاسی و قتل بود، آزاد کند.

در نتیجه یکی از شگفت‌انگیزترین و غمناکترین تصمیم گیریهای تاریخ بشری، مردم عیسی را رد کرده و باراباس را انتخاب کردند. به این ترتیب جماعت فریاد کنان می گفتند: «عیسی را اعدام کن! مصلوبش کن! ما او را نمی‌خواهیم. ما باراباس آشوبگر و قاتل را می خواهیم.»

در عوض، عیسی برای مصلوب کنندگان خود چنین دعا کرد:

«ای پدر، اینها را بیامرز زیرا که نمی‌دانند چه می‌کنند»

(لوقا ۲۳ :٣٤).

پس قدم دوم، بخشیدن است که البته کار آسانی نیست. در واقع، شما به تنهایی نمی‌توانید چنین کاری انجام دهید. اما شما به حال خودتان واگذاشته نشده‌اید. وقتی به این مرحله می‌رسید، روح‌القدس درست در کنار شماست. اگر خود را به او بسپارسید، به شما فیض فوق‌العاده‌ای را که به آن نیاز دارید، خواهد بخشید.

ممکن است بگوئید اما شخصی که مرا رنجانده حالا مرده است پس چه نیازیست که او را ببخشم؟» اینکه او زنده یا مرده است اهمیتی ندارد. بخشش شما به خاطر خودتان است .

مرد جوانی را که مسیحی خوبی است می‌شناسم که این پیغام را شنید. او دریافت که سالها تلخی، رنجش، خشم و سرکشی نسبت به پدرش را که اکنون مرده بود در دل خود نگه داشته است. پس همسر خود را برداشته و چند صد مایل سفر کرد و به گورستانی که پدرش در آنجا دفن شده بود رفت. در حالی که همسر او در ماشین بود، به تنهایی، به سوی قبر پدر رفت، زانو زد و تا چند ساعت خود را از تمام آن رفتارهای زهرآلودی که در درون داشت خالی کرد. او تا وقتی مطمئن شد که پدرش را بخشیده است از جایش بلند نشد.

وقتی از گورستان بیرون آمد، شخص دیگری شده بود. همسرش شهادت می‌دهد که اکنون شوهری دارد که کاملاً تغییر کرده است.

پدر او مرده بود اما رنجش از پدر، مدتها در او باقی مانده بود. نکتهٔ مهم بخصوصی در مورد رابطهٔ پدر-فرزندی وجود دارد که خصوصاً افراد جوان می‌باید آن را به یاد داشته باشند.

تنها حکم ده فرمانی که مستقیماً با یک وعده همراه است این است که:

«پدر و مادر خود را حرمت دار چنانکه یهوّه خدایت تو را امر فرموده است تا روزهایت دراز شود و تو را در زمینی که یهوّه خدایت به تو می‌بخشد نیکویی باشد.» (تثنیه ٥: ١٦).

مطمئن باشید: اگر به والدین خود احترام نگذارید، زندگی شما هرگز به خوبی پیش نخواهد رفت. اما اگر به آنها احترام بگذارید، خدا به شما عمر طولانی و زندگی مبارکی عطا خواهد فرمود (افسسیان ٦ :٢ـ٣ را ملاحظه کنید).

ممکن است بگوئید: «مادر من یک فاحشه بود و پدرم یک مشروبخوار. آیا انتظار دارید من به آنها احترام می‌گذاشتم؟» بله. البته نه به عنوان یک فاحشه یا مشروبخوار بلکه به عنوان مادر و پدر خود می‌باید به آنها احترام بگذارید. این شرط لازمی است که خدا قرار داده است.

وقتی تازه ایمان آورده و تعمید روح‌القدس را یافته بودم، فکر میکردم خیلی بیشتر از پدر و مادرم می‌دانم. مارک تواین یکبار وقتی بعد از سالها دوری به خانه بازگشت به گونه‌ای طعنه‌آمیز گفت که والدینش در طی آن مدت چیزهای زیادی در نبود او آموخته بودند! من هم مثل او بودم اما یک روز خدا این اصل را به من نشان داد که: اگر می‌خواهی زندگی بر وفق مرادت خوب پیش برود می‌باید یاد بگیری که پدر و مادر خود را احترام

کنی. حالا پدر و مادر من هر دو درگذشته‌اند اما خدا را شکر می‌کنم که به من یاد داد چگونه احترام خود را به آنها نشان بدهم. فکر می‌کنم به همین علت است که امور زندگیم به خوبی پیش می‌رود.

من هر دو نتیجهٔ این اصل را دیده‌ام. افرادی را دیده‌ام که به والدین خود احترام گذاشتند و برکت یافتند و اشخاصی را هم دیده‌ام که از انجام این کار امتناع ورزیده و زندگی خوبی ندارند. زندگی آنها هرگز آن برکت کامل خدا را نیافته است. عدم بخشش یکی از شایع‌ترین موانع برای جاری شدن برکت خداست. این اصل شامل ارتباط بین زنها و شوهران هم می‌شود. خانمی را به یاد می‌آورم که برای دعا و رهایی نزد من آمده بود. به او گفتم: «شما باید شوهر خود را ببخشید.» او جواب داد: «بعد از آنکه پانزده سال زندگی مرا خراب کرد و سپس رفت تا با یک زن دیگر باشد، چگونه می‌توانم او را ببخشم؟» خوب، آیا می‌خواهی او بقیهٔ زندگی تو را هم خراب کند؟ اگر اینطور است کماکان از او رنجیده خاطر باش چون او به هدف خود خواهد رسید.»

به خاطر داشته باشید نه کسی که موجب رنجش می‌شود بلکه شخصی که می‌رنجد عذاب می‌کشد همانگونه که دربارهٔ زخم معده گفته‌اند: «آنچه که شخص می‌خورد باعث زخم معدهٔ او نمی‌شود بلکه چیزی که او را می‌خورد به زخم معده می‌انجامد».

بخشش، یک احساس نیست بلکه یک تصمیم است. نگویید «من نمی‌توانم ببخشم.» چون در واقع دارید می‌گویید که: «نمی‌بخشم». اگر می‌توانید بگوئید: «نمی‌بخشم، پس کلمهٔ «می‌بخشم» را نیز می‌توانید بگویید. ممکن است طبیعت جسمانی شما نتواند ببخشد، اما می‌توانید از خدا بخواهید که بخشش خود را در شما و از طریق شما نمایان سازد. وقتی روح‌القدس شما را قادر به بخشیدن کند (که می‌کند)، شما می‌توانید دیگران را ببخشید. البته اگر بخواهید.

قدم سوم - تصمیمی آگاهانه و جدّی برای آزاد شدن از نتایج بدی مثل تلخی، رنجش، تنفّر و سرکشی که حس طرد شدگی در زندگی شما ایجاد کرده است، بگیرید. آن مرد جوان و کاری را که در گورستان انجام داد، به یاد آورید. این امور مثل زهر هستند. اگر آنها را در دل خود پرورش دهید، آنوقت تمام زندگی شما را مسموم خواهند کرد. آنها برای شما مشکلات عمیق عاطفی و همچنین جسمانی بوجود خواهند آورد. با تصمیم جدّی و عزم جزم به خود بگویید: «من بعد از این تلخی، رنجش، تنفّر و سرکشی را کنار می‌گذارم.»

مشاوران روانشناسی به کسانی که مصرف مشروبات الکلی را ترک کرده‌اند می‌گویند: «رنجش، ولخرجی‌ای است که دیگر از پس آن بر نمی‌آیید.» این گفته در مورد همهٔ ما مصداق دارد. هیچ کس از پس رنجش بر نمی‌آید چون خیلی گران تمام می‌شود.

قدم چهارم- در این مرحله لازم است شما به سادگی کاری را که خدا از قبل برایتان انجام داده بپذیرید و آن را باور کنید.

***«] خدا [ما را به آن مستفیض گردانید در آن حبیب.»* (افسسیان ۱ :۶)**

وقتی بوسیلهٔ عیسی مسیح به حضور خدا می‌روید، در می‌یابید که در نظر او پذیرفته شده‌اید. خدا فرزندان درجه دو ندارد. او فقط شما را تحمّل نمی‌کند بلکه شما را دوست دارد و به شما علاقمند است. شما برای او مهم هستید. به این کلمات زیبا در رساله به افسسیان توجه کنید:

«چنانکه] خدا [ما را پیش از بنیاد عالم در او] مسیح [برگزید تا در حضور او در محبّت مقدّس و بی‌عیب باشیم. که ما را از قبل تعیین نمود تا او را پسرخوانده شویم به وساطت عیسی مسیح بر حسب خوشنودی ارادهٔ خود.

برای ستایش جلال فیض خود که ما را به آن مستفیض گردانید در آن حبیب.»
(افسسیان ۱: ٤ــ٦) هدف خدا از ازل این بود که ما را فرزندان خود سازد. او این کار را از طریق مرگ عیسی بر روی صلیب که بخاطر ما بود، انجام داد. تنها کاری که باید انجام دهید این است که این حقیقت را بپذیرید که خدا می‌خواهد شما فرزند او باشید. وقتی بوسیلهٔ عیسی به حضور خدا می‌رویم در واقع از قبل در نظر او پذیرفته شده‌ایم.

قدم پنجم - خود را بپذیرید. گاهی اوقات این مشکلترین کار است. همیشه به مسیحیان می‌گویم: «هرگز خود را کوچک نشمارید و از خود انتقاد نکنید. شما خودتان را نیافریدید بلکه خداست که شما را آفریده است.»

افسسیان ۲: ۱۰ به ما می‌گوید: *«ما صنعت او هستیم.»* لغت یونانی که در اینجا «صنعت» ترجمه شده، Poiema است که لغت انگلیسی Poem (شعر) از آن مشتّق شده است، که دلالت بر انجام عملی هنرمندانه دارد. ما شاهکار خدا هستیم. در بین تمام مخلوقات خدا، او بیشترین وقت و توجّه را به ما نموده است.

شگفت اینکه، او از نظر انسانی طرد شد! ممکن است به لیست شکستها و اقدامات اشتباه خود نگاه کرده باشید - یک ازدواج ناموفّق، فرزندانی که منحرف شده‌اند، مشکلات مالی و غیره. شاید به خود برچسب شکست خورده را بزنید اما خدا شما را «پسرم، دخترم» خطاب می‌کند. می‌توانید خود را بپذیرید چون خدا شما را پذیرفته است. وقتی بوسیلهٔ عیسی به حضور خدا می‌آیید، خلقت تازه‌ای می‌شوید.

«پس اگر کسی در مسیح باشد، خلقت تازه‌ایست چیزهای کهنه در گذشت اینک همه چیز تازه شده است. و همه چیز از خدا که ما را به واسطهٔ عیسی مسیح با خود مصالحه داده و خدمت مصالحه را به ما سپرده است.»

(دوم قرنتیان ۵: ۱۷ و ۱۸).

شما دیگر نمی‌توانید خود را بر اساس روش زندگی‌ای که پیش از ایمان آوردن به مسیح داشتید بسنجید زیرا از آن زمان به بعد خلقت تازه‌ای شده‌اید. حال، تنها معیار حقیقی برای ارزیابی خودتان آن چیزی است که خدا می‌گوید بعد از ایمان آوردن به مسیح گشته‌اید. هنگامی که پیوسته مقام خود را در مسیح مطابق کلام خدا اعلام می‌کنید، طرز سخن گفتن منفی و قدیمی خود را کنار گذاشته و یاد می‌گیرید که خود را بپذیرید.

آیا این پنج مرحله را دنبال کردید؟ اگر چنین است، حال وقت آن رسیده که آزادی خود را اعلام کرده و دعایی کنید که بر آنچه در مورد پذیرش خدا آموخته‌اید، مهر می‌زند. می‌توانید خودتان دعا کنید. اما اگر از آنچه باید بگویید مطمئن نیستید، در اینجا الگوی دعایی هست که می‌توانید از آن استفاده کنید:

خداوند عیسی مسیح:

من ایمان دارم که تو پسر خدا و تنها راه رسیدن به حضور خدا هستی. تو بر صلیب به خاطر گناهان من فدا شدی و از مردگان برخاستی. من از تمام گناهانم توبه می‌کنم همان‌گونه که تو مرا بخشیدی من هم دیگران را می‌بخشم. خداوندا، من همهٔ کسانی را که مرا طرد کردند، به من آسیب رساندند و هیچ وقت ابراز محبّت ننمودند، می‌بخشم و به تو اعتماد می‌کنم که مرا عفو کنی. خداوندا، باور می‌کنم که مرا پذیرفته‌ای. اکنون به خاطر کاری که تو برای من روی صلیب انجام دادی، پذیرفته شده‌ام و برای تو بسیار عزیز هستم. من هدف توجهات ویژهٔ تو

هستم. تو واقعاً مرا دوست داری. مرا می‌خواهی. پدر تو، پدر من نیز هست. آسمان، خانهٔ من است. من عضوی از خانوادهٔ خدا هستم که بهترین خانوادهٔ تمام دنیاست. من پذیرفته شده‌ام. شکرت می‌کنم! شکرت می‌کنم!

خداوندا، یک چیز دیگر هست که باید بگویم. من خود را به همان شکلی که مرا آفریدی، می‌پذیرم. من صنعت تو هستم و برای کاری که به خاطر من انجام دادی، شکرت می‌کنم. ایمان دارم که تو کار خوبی را در من شروع کرده و آن را تا پایان عمرم به کمال خواهی رساند و خداوندا، من اکنون آزادی خود را از هر روح تاریک و شریری که از زخمهای زندگی من سوء استفاده می‌کرد، اعلام می‌کنم. حالا روح خود را آزاد می‌گذارم تا در تو شادی کند. در نام عزیز و گرانبهای عیسی مسیح. آمین.

لحظهٔ آزادی از هر روح شریری که شما را تا بحال معذّب می‌ساخته، فرا رسیده است. اگر حس می‌کنید نیرویی در شما علیه دعایی که اکنون کردید مقاومت می‌کند، آن نیرو روحی شریر است. احتمال دارد کلمه‌ای مثل طرد شدگی، رنجش، دلسوزی به حال خود، تنفّر، مرگ یا اسامی مشابه دیگر در ذهن شما شکل گیرد. این روح‌القدس است که هویّت دشمن شما را برایتان آشکار می‌کند. آن را به اسم بخوانید و بعد نهیب کرده آزاد شوید. مهم نیست به چه صورتی خود را ظاهر می‌کند شما باید آن را بیرون کنید. چه به صورت نجوا، یا هق هق گریه و یا فریاد. مهم نیست فقط آن را بیرون کنید! این همان لحظه‌ایست که انتظارش را می‌کشیدید. در حال حاضر نگران شایستگی خود نباشید! فقط کمک روح‌القدس را بپذیرید.

همینکه آزادی را تجربه کردید با صدای بلند خدا را پرستش کنید: «خداوندا، متشکرم. خداوندا تو را می‌پرستم. خداوندا، دوستت دارم! برای آزادی‌ای که به من دادی شکرت

می‌کنم. از اینکه مرا آزاد کردی شکرت می‌کنم. برای همهٔ کارهایی که برایم انجام دادی شکرت می‌کنم.»

شکرگزاری از خدا، آزادی شما را مهر می‌کند و تأیید می‌نماید. حالا برای شروع زندگی آزادانهٔ جدید خود آماده‌اید.

فصل هفتم

«پذیرش در خانوادهٔ خدا »

یک قدم مهم دیگر برای تکمیل پذیرش ما باقی می‌ماند که عبارتست از پذیرفته شدن از سوی قوم خدا. یعنی مکان خود را در بدن مسیح بشناسیم. ما به عنوان مسیحیان هرگز افرادی منزوی و جدا شده نیستیم. ما وظیفه داریم با دیگر ایمانداران ارتباط برقرار کنیم و این ارتباط یکی از راههای عملی شدن پذیرش ما در زندگی روزمره است. پذیرش ما از سوی پدر آسمانی‌مان نخستین و مهمترین مرحله است. اما این پذیرش باید در ارتباط ما با دیگر ایمانداران به نتیجه برسد. مسیحیان با هم تشکیل یک بدن را می‌دهند در حالی که هرکدام از آنها عضوی از آن بدن هستند. همانگونه که پولس رسول نوشت:

«زیرا همچنانکه در یک بدن اعضای بسیار داریم و هر عضوی را یک کار نیست، همچنین ما که بسیاریم یک جسد هستیم در مسیح اما فرداً اعضای یکدیگر.» رومیان ۱۲ :٤ـ٥)

از آنجا که ما اعضای یک بدن هستیم و هر یک از ما به دیگر اعضای جمع تعلّق دارد پس هرگز نمی‌توانیم جدا از دیگر اعضا به رضایت خاطر آرامش یا پذیرش کامل برسیم.

«زیرا بدن یک عضو نیست بلکه بسیار است. اگر پا گوید چونکه دست نیستم از بدن نمی‌باشم آیا بدین سبب از بدن نیست. و اگر گوش گوید چونکه چشم نیم از بدن نیستم آیا بدین سبب از بدن نیست.» (اول قرنتیان ۱۲ :۱٤ـ۱٦)

شما عضوی از بدن هستید. ممکن است یک پا، دست، گوش یا یک چشم باشید. با این وجود، بدون بقیۀ قسمتهای بدن ناقص هستید و بقیۀ قسمتهای بدن هم بدون شما ناقص است. بهمین جهت، پیدا کردن جایگاهتان در بدن بسیار مهم است.

«و چشم دست را نمی‌تواند گفت که محتاج تو نیستم یا سر پایها را نیز که احتیاج به شما ندارم. بلکه علاوه بر این، آن اعضای بدن که ضعیفتر می‌نمایند لازمتر می‌باشند. و آنها را که پست‌تر اجزای بدن می‌پنداریم عزیزتر می‌داریم و اجزای قبیح ما جمال افضل دارد.» (اول قرنتیان ۱۲: ۲۱ـ۲۳)

بنابراین، هیچیک از ما نمی‌توانیم به دیگر ایمانداران بگوئیم: «به تو نیازی ندارم» ما همه به یکدیگر نیازمندیم. خدا بدن را به گونه‌ای خلق کرد که اعضای آن به یکدیگر وابسته باشند و هیچیک از آنها نمی‌تواند به تنهایی، درست عمل کند. همین امر شامل حال یکایک ما می‌شود. شامل حال شما می‌گردد. شما به دیگر اعضا نیاز دارید و آنها هم به شما نیازمندند. یافتن مکانتان در بدن، پذیرش و مقبولیّت شما را به تجربه‌ای واقعی و روزمرّه تبدیل می‌سازد.

تصویر دیگری که عهد جدید از مسیحیان ارائه می‌دهد، واحد خانواده است. همۀ ما اعضای یک خانواده هستیم. دعای مهمّی که عیسی به شاگردان خود آموخت، با کلمات مهم «ای پدر ما» آغاز می‌گردد که دو مطلب را به ما بازگو می‌کند. اول اینکه، پدری داریم که خدا است. یعنی ما مستقیماً توسط خود خدا پذیرفته شده‌ایم. اما در این عبارت از کلمۀ «ما» استفاده شده نه «من» و به ما می‌گوید که ما عضو خانواده‌ای هستیم که از فرزندان بسیار تشکیل شده است.

پذیرش ما زمانی از جهت افقی مؤثر واقع می‌شود که جایگاه خود را در این خانواده شناخته و در آن قرار بگیریم. بنابراین، ما از دو جهت پذیرفته می‌شویم: هم از جهت عمودی توسط خدا و از جهت افقی در خانوادهٔ خدا.

«پس از این به بعد غریب و اجنبی نیستید بلکه هموطن مقدّسین هستید و از اهل خانهٔ خدا.» (افسسیان ۲ :۱۹).

راه دیگر این است که غریب (خارجی) و اجنبی (بیگانه) باشیم. ما معمولاً از این دو کلمه خوشمان نمی‌آید. من در سال ۱۹۶۳ به ایالات متحده مهاجرت کردم و تا سال ۱۹۷۰ تابعیت این کشور را نیافته بودم. به مدت هفت سال، در این کشور، یک بیگانه بودم. کسانی که از زمان تولد خود تابعیت کشوری را دارند نمی‌توانند معنای حس بیگانه بودن را درک کنند.

ژانویهٔ هر سال باید فرمی را در ادارهٔ مهاجرت پر می‌کردم و به این وسیله به آنها اطلاع می‌دادم که در کجا زندگی می‌کنم، تا اگر سؤالاتی داشتند که باید می‌پرسیدند و یا اگر می‌خواستند مرا از کشور بیرون کنند، بتوانند مرا بیابند. من همچنین در رأی گیریهای دولتی و محلّی حقّ رأی نداشتم.

اگر به خارج از کشور سفر می‌کردم، زمان بازگشت باید در قسمت ویژه‌ای جدا از قسمت شهروندان آمریکائی می‌رفتم تا گذرنامه‌ام را بررسی کنند. بعد می‌باید به همراه گذرنامه، کارت سبز کوچکی را هم ارائه می‌دادم تا ثابت کنم مقیم غیر شهروند آمریکا هستم.

بین شهروندان و خارجی‌ها تفاوتهایی وجود دارد. مادامی که شما یک خارجی هستید، واقعاً تعلّقی به آن کشور ندارید. اما خدا می‌گوید: «تو دیگر غریب و بیگانه نیستی. تو به اینجا تعلّق داری و اهل اینجا محسوب می‌شوی. تو عضوی از خانوادهٔ من هستی.» با این

وجود، این امر زمانی واقعی خواهد بود که شما جای خود را در این خانواده پیدا کرده باشید. نویسندهٔ کتاب مزامیر چنین نوشت:

«خدا بی‌کسان را ساکن خانه می‌گرداند ....» (مزامیر ٦٨ :٦)

آیا شما تنها هستید؟ میلیونها نفر چنین هستند. آنها این حقیقت را درک نکرده‌اند که خدا به افراد تنها و بی‌کس خانواده می‌بخشد.

«....... اسیران را به رستگاری بیرون می‌آورد لیکن فتنه‌انگیزان در زمین تفتیده ساکن خواهند شد.» (مزامیر ٦٨ :٦)

هدف خدا این است که شما را عضو یک خانواده بگرداند. بهمین منظور، او زنجیرهایی را که شما را بسته‌اند پاره می‌کند و شما را شاد می‌سازد. تنها کسانی که رهبری خدا را نمی‌پذیرند مجبورند در زمین خشک و تفتیده ساکن شوند.

شاید در شگفت هستید که چگونه می‌توانید عضو خانوادهٔ خدا شوید. شما می‌توانید به گروههای مسیحی‌ای که اسامی متفاوتی دارند مثل کلیسا، گروههای مشارکتی، و غیره ملحق شوید. اسم گروه مهم نیست. اما پیدا کردن گروهی که موجب شود در خانوادهٔ الهی واقعاً پذیرفته شوید، همیشه کار آسانی نیست. من در کتاب «پیمان ازدواج» نه سؤال را مطرح کرده‌ام که هر کسی که در جستجوی چنین گروهی است، باید قبل از پیوستن به آن، آنها را مطرح کند و این سؤالات عبارتند از:

۱ـ آیا آنها خداوند عیسی مسیح را احترام کرده و او را جلال می‌دهند؟
۲ـ آیا برای اقتدار کتابمقدس احترام قائل هستند؟
۳ـ آیا آنها به روح‌القدس اجازهٔ عمل می‌دهند؟
٤ـ آیا رفتار آنها گرم و دوستانه است؟

۵ـ آیا ایمان خود را در زندگی روزمرّه عملاً بکار می‌برند؟
٦ـ آیا روابط بین آنها از حد حضور در جلسات کلیسایی فراتر می‌رود؟
۷ـ آیا توجهّات شبانی آنها همهٔ نیازهای معقول شما را در بر می‌گیرد؟
۸ـ آیا از مشارکت با دیگر گروههای مسیحی استقبال می‌کنند؟
۹ـ آیا وقتی با آنها هستید احساس راحتی می‌کنید؟

اگر پاسخ به همه یا اکثر این سؤالات مثبت است، خوب پیش رفته‌اید. اما پیوسته هدایت خدا را بطلبید تا راهنمایی دقیقی از او بیابید. به خاطر داشته باشید که احتمالاً گروه کاملی را پیدا نخواهید کرد.

اکنون راه فرار از تنهایی و حس دور بودن را می‌دانید. پس بخشی از یک ارگانیزم و بدن زنده بشوید. جایگاه خود را پیدا کرده و وظیفهٔ خود را بشناسید و سپس تحقّق هدف را تجربه خواهید کرد.

من در پایان کتاب «پیمان ازدواج» برای هر کسی که مشتاق است از جایگاه خود در میان قوم خدا آگاه شود، دعایی ارائه کرده‌ام که آن را در اینجا هم عنوان می‌کنم. اگر این دعا بیان کنندهٔ عین احساسات شماست، آن را بخوانید و بعد به زبان خود آن را بیان کنید. بدینوسیله، دعای شما هم خواهد بود.

پدر آسمانی:

من انسان تنهایی بوده‌ام که نیازهایم برآورده نشده و این موضوع را اعتراف می‌کنم. می‌خواهم «در خانهٔ تو ساکن شوم» (مزمور ۸٤ :٤) و عضوی از خانوادهٔ روحانی ایمانداران متعهّد باشم. اگر موانعی در این خصوص در من

وجود دارند از تو درخواست می‌کنم که آنها را برداری. مرا به سوی گروهی راهنمایی کن که این اشتیاق مرا برآورده سازد و کمکم کن تا هر تعهّد لازم را به آنها بدهم. در نام عیسی، آمین.

اگر صادقانه این دعا را کرده‌اید به شما قول می‌دهم که تغییر خاصی در زندگی شما روی خواهد داد. خدا کاری انجام خواهد داد. او راهها و روابط جدیدی را به شما نشان خواهد داد. او درهای تازه‌ای به روی شما باز خواهد کرد و شما را از آن زمین سوزان بیرون آورده و کاری خواهد کرد که عضو خانواده و بدن او بشوید.

فصل هشتم

«جاری شدن محبّت الهی»

با مرور مطالبی که تا کنون گفته شد، متوجه می‌شویم که بسیاری از مردم از زخمهای طرد شدگی، خیانت و خجالت رنج می‌برند و علل مشخصی مانند سهل‌انگاری والدین، طلاق، رسوایی در جمع و سوءاستفادهٔ جنسی از کودکان را نام بردیم.

عیسی توسط معامله‌ای که بر روی صلیب انجام داد، درمان روحهای مجروح ما را مهیّا فرمود. او از جانب خدا و انسان طرد شد تا ما در نزد خدا و خانوادهٔ او پذیرفته شویم. او متحمّل خجالت شد تا ما در جلال او شریک گردیم. او به جای ما فدا شد تا ما حیات او را بیابیم.

با دانستن کاری که مسیح برای انسانها انجام داد، بعضی آزاد می‌شوند، اما بعضی دیگر ممکن است برای آزاد شدن به اقدامات دیگری نیاز داشته باشند که عبارتند از:

۱ـ به روح‌القدس اجازه دهید به شما کمک کند تا بدانید چگونه و کجا دچار زخم طرد شدگی شدید.

۲ـ کسانی را که به شما آسیب رساندند، ببخشید.

۳ـ ثمرات مخرّب طرد شدگی همچون رنجش، تلخی، تنفّر و سرکشی را از خود دور کنید.

٤ـ قبول کنید که خدا شما را در مسیح پذیرفته است.

۵ـ خودتان را قبول کنید.

اولین نتیجهٔ طرد شدگی، ناتوانی شخص در پذیرش محبّت از دیگران و برقراری ارتباط با آنها از طریق محبّت است. به همین دلیل حس طرد شدگی یکی از بزرگترین موانع جاری

شدن محبّت الهی است. هدف خدا از انجام اعمال خود در زندگی ما این است که محبّت خود را به ما بشناساند.

در اینجا منظور من محبّت خدا نسبت به ما نیست بلکه طریقی است که توسط آن محبّت خدا ابتدا در ما و سپس از درون ما به جهان جاری می‌شود. در این مرحله دو عبارت متوالی وجود دارد: نخست اینکه، محبّت خدا به بیرون جاری می‌شود و بعد، محبّت خدا که جاری می‌شود، عمل می‌کند. عبارت نخست تجربه‌ای فوق‌العاده است و عبارت دوم شکل‌گیری تدریجی و پیش روندهٔ شخصیت فرد ایماندار است.

اگر این نوع محبّت را با محبّت انسانی مقایسه کنیم، موضوع روشنتر می‌شود. من در جوانی نوشته‌های ویلیام شکسپیر را به شکل خاصی دوست داشتم. شکسپیر شیفتهٔ دو تجربهٔ مهم بشری بود یعنی عشق و مرگ. او امیدوار بود که عشق به گونه‌ای راه فرار از مرگ را مهیّا کند.

در غزلهای او شخصیتی وجود دارد که «بانوی تاریک» خوانده می‌شود. او ظاهراً هدف توجهات و احساسات شکسپیر است اما کاملاً جوابگوی احساسات او نیست. او در یکی از غزلهای خود سعی می‌کند وی را قانع کند که حتی اگر او (آن زن) به فراموشی سپرده شود، عشق او از طریق شعر، وی را جاودانه می‌سازد.

آیا باید تو را به یک روز تابستانی تشبیه کنم؟
اما تو دوست داشتنی‌تر و ملایم‌تر هستی.
بادهای سخت غنچه‌های زیبای ماه مِی را تکان می‌دهند.
و روزهای دیدار ما در تابستان بسیار کوتاه است.
گاهی اوقات چشم آسمان بسیار گرم می‌تابد
و اغلب پوست طلایی آن مشخص نیست

زیبایی هر زیبارویی گاه به شکل تصادفی
یا در تحولات متلون طبیعت کاسته می‌شود
اما تابستان جاودانی تو هرگز محو نخواهد شد
و زیبایی خود را هرگز از دست نخواهی داد
مرگ نیز نمی‌تواند تو را در سایهٔ خود فرو برد
چون تو تا ابد باقی می‌مانی
تا وقتی که انسانها نفس می‌کشند و چشمان می‌توانند ببینند
تو می‌مانی و همگان حیات خود را به تو می‌دهند[۱].

جاودانگی شعر شکسپیر بهترین چیزی بود که عشق او می‌توانست به آن زن بدهد. البته شعر شکسپیر چهارصد سال به حیات خود ادامه داد اما آن بانو مرد.

شکسپیر توقّع بسیار بالایی از عشق داشت و شاید او در این قسمت ناامید شده بود. از آنجا که خودم این مسیر را طی کرده‌ام فکر می‌کنم می‌توانم ناامیدی او را درک کنم.

من به مدّت بیست و پنج سال در شعر، فلسفه و دنیا با تمام لذّتها و توان آزماییهای فکری‌اش به دنبال چیزی دائمی و راضی کننده می‌گشتم. هرچه بیشتر جستجو می‌کردم، کمتر راضی می‌شدم. نمی‌دانستم به دنبال چه چیزی می‌گشتم. اما وقتی خداوند خود را بر من آشکار کرد و مرا با روح‌القدس تعمید داد، فوراً فهمیدم این همان چیزی بود که تمام مدت داشتم دنبالش می‌گشتم. بیست سال بود که به جلسات کلیسایی می‌رفتم اما هیچکس چیزی در این باره به من نگفته بود. خدا محبّت فراگیرنده‌ای در قلب من ریخت که بالاخره مرا

---

[۱] - غزلهای شکسپیر، گردآوری و تنظیم Stanley Wells (انتشارات دانشگاه آکسفورد سال ۱۹۸۵)

کاملاً ارضا کرد. حالا می‌فهمیم وقتی که مردم را با محبّت خدا و نه عشق شکسپیر، دوست می‌داریم، چه اتفاقی می‌افتد. ما در رساله به رومیان این عبارت فوق‌العاده را می‌خوانیم که:

«و امید باعث شرمساری نمی‌شود زیرا که محبّت خدا در دلهای ما به روح‌القدس که به ما عطا شده ریخته شده است.» (رومیان ۵: ۵)

وقتی امید یا محبّت در خدا قرار گرفته باشد هرگز ناامید نمی‌شود چون کاملیّت محبّت خدا در دلهای ما ریخته شده است. خدا هیچ چیزی را دریغ نمی‌کند. وقتی او روح‌القدس را به ما عطا می‌کند گویا که جعبۀ هدایا را برگردانده و هرآنچه را که در آن است به ما ارزانی می‌کند.

در طول جنگ جهانی دوم هنگامی که به عنوان پرستار وظیفه در ارتش بریتانیا خدمت می‌کردم چهار سال و نیم را در شمال آفریقا و بعد در سرزمینی که در آن زمان فلسطین نام داشت، سپری کردم، یک سال در سودان بودم که سرزمین بیابانی خشک و متروکی است. در مجموع، سرزمین سودان یا مردمش جذاب نیستند. با اینحال وقتی در روح‌القدس تعمید یافتم، خدا بر من آشکار کرد که با من در آنجا کار دارد. پس محبّت عجیبی در من نسبت به مردم سودان ایجاد کرد.

سپس مدت کوتاهی مرا به یک نقطۀ اتصال راه‌آهن در شمال سودان به نام اَتبا فرستادند. من در آنجا مسئول بخش پذیرش بیماران ارتش بودم و فکر می‌کنم که فقط سه تخت بیمارستان داشتم. در آنجا با پزشکی بومی همکاری می‌کردم اما این اولین بار بود که در خدمت ارتش رئیس خودم بودم. همچنین اولین بار بود که تختی برای خوابیدن داشتم. علاوه بر این در بین وسایل ارسال شده به آن مرکز پذیرش لباسهای خواب بلند و سفیدی هم وجود داشت. تا آن زمان، سه سال تمام با لباس زیر می‌خوابیدم و واقعاً از آن وضع خسته

شده بودم. پس، از امکانات موجود استفاده کردم، لباس خواب پشمی را پوشیدم و روی تخت خوابیدم.

یک شب در حینی که در دعا داشتم برای مردم سودان - شفاعت می‌کردم، روح خدا بر من آمد. آن شب نمی‌توانستم بخوابم. نیرویی درونی مرا هدایت می‌کرد که می‌دانم اصرار روح‌القدس بود. لحظه‌ای بعد با محبتی بسیار فراتر از حدّی که با هر دلیل یا احساس انسانی خود می‌توانستم به آن دست یابم خود را در حال دعا کردن یافتم.

گاهی اوقات نیمه‌های شب از رختخواب بیرون آمده و در اتاق قدم می‌زنم و ناگهان متوجه می‌شوم که لباس خواب سفید من واقعاً می‌درخشد. می‌دانستم که برای چند لحظهٔ کوتاه مثل شفیع آسمانی‌مان، خداوند عیسی شده بودم.

بعد، ارتش مرا به یک بیمارستان کوچک واقع در مکانی وحشتناک در تپّه‌های دریای سرخ انتقال داد که مردم قبایل محلی آنجا هادونداوا خوانده می‌شدند. آنها قوم وحشی و خشنی بودند. حدود صد سال قبل جنگ مختصری با دولت بریتانیا کرده بودند. آن زمان سربازان بریتانیایی به هادونداوا لقب «هیولاهای پشمالو» داده بودند چون مردان قبیله موهای پشم مانند خود را با روغن پیه طوری پوش می‌دادند که مویشان حدود هشت اینچ بلندتر از پوست سرشان قرار می‌گرفت.

همهٔ همخدمتی‌های من از وضع موجود ناراضی بودند اما من هشت ماه از بهترین اوقات زندگی خود را در آنجا گذراندم چون خدا محبّت خود نسبت به آن مردم را در دلم قرار داده بود. در نتیجه موفّق شدم که یک عضو قبیله را به سوی خداوند هدایت کنم و او ایمان خود به مسیح را برای اولین بار در آنجا اقرار کرد. وقتی آنجا را ترک می‌کردم از خداحافظی با آن مرد و آن مکان قلبم شکست.

هنگامی که در سودان بودم، مقدار کمی از جاری شدن محبّت خدا نسبت به مردم را تجربه کردم. اما بعد فهمیدم که لازمۀ این امر تکمیل محبّت خدا در شخصیت من بود.

حدود یکسال بعد وقتی در فلسطین با همسر اولم لیدیا آشنا شدم و دیدم که او چگونه از دختران یتیم مراقبت می‌کند، خداوند قلب مرا بار دیگر با محبّت شگفت‌انگیز خود پر کرد. در آن موقع نه من و نه لیدیا قصد نداشتیم ازدواج کنیم اما در نهایت با هم ازدواج کردیم. خدا یکبار دیگر محبّت خارق‌العادۀ خود را در قلب من ریخت اما این محبّت هنوز مرا آن شخصی که باید می‌بودم نساخته بود. من اغلب شخصی خودخواه، زودرنج، بی‌صبر، خودمحور و بی‌عاطفه بودم که هیچکدام از این ویژگیها نشانگر شخصیّت و یا صورت مسیح نبود.

به این نتیجه رسیدم که تجربۀ فوق‌العادۀ جاری شدن محبّت خدا شگفت‌انگیز است اما برای شکل‌گیری شخصیت ما توسط این محبّت زمانی طولانی لازم است. خدا مجبور است برای شکل‌گیری شخصیتی در ما که دائماً محبّت او را نشان دهد، ما را آن قدر تغییر دهد که صرفاً وسیله‌ای نباشیم که محبّت او توسط ما جاری شود. این فرایند مرحله‌ای طولانی است که مستلزم صبر خدا برای شکل دادن و کامل کردن شخصیت ماست. در مرحلۀ شکل‌گیری شخصیت، کلام خدا نقش حیاتی شگفت‌انگیزی را بازی می‌کند.

«کسی که گوید او را می‌شناسم و احکام او را نگاه ندارد دروغگو است و در وی راستی نیست. لکن کسی که کلام او را نگاه دارد فی‌الواقع محبّت خدا در وی کامل شده است و از این می‌دانیم که در وی هستیم. هر که گوید که در وی می‌مانم به همین طریقی که او سلوک می‌نمود او نیز باید سلوک کند.» (اول یوحنا ۲: ٤ــ٦)

توجه کنید که این آیات بر کلام خدا تأکید می‌کنند نه روح خدا. ما از یک تجربهٔ فوق‌العاده سخن نمی‌گوئیم بلکه از شکل‌گیری تدریجی شخصیت سخن می‌گوئیم که توسط اطاعت دائمی از کلام خدا ممکن می‌شود. اگر همانطور که عیسی مسیح در اطاعت از کلام خدا حرکت می‌کرد ما نیز به همین شکل او را پیروی کنیم، محبّت خدا تدریجاً در ما تکمیل شده و به کمال می‌رسد.

آیهٔ مذکور مثل سکه دارای دو رو است. در یک روی آن، اثبات محبّت ما نسبت به خدا از طریق اطاعت از کلام او عملی می‌شود. بیهوده است که بگوئیم خدا را دوست داریم در حالی که از کلام او اطاعت نمی‌کنیم. در روی دیگر، وقتی ما از کلام او اطاعت می‌کنیم، او محبّت خود را در شخصیت ما عملی می‌سازد. این دو مفهوم از هم جدا نمی‌شوند چون با هم یک کل را می‌سازند.

مرحلهٔ ساخت شخصیت مطابق آنچه پطرس رسول می‌گوید، هفت جزء متوالی دارد که عبارتند از:

> «*و به همین جهت کمال سعی نموده در ایمان خود فضیلت پیدا نمایید. و در فضیلت علم و در علم عفّت و در عفّت صبر و در صبر دینداری. و در دینداری محبّت برادران و در محبّت برادران محبّت را.*» (دوم پطرس ۱:۵ـ۷)

از اساس شروع می‌کنیم. «کمال سعی نموده در ایمان خود فضیلت پیدا نمایید.» نقطهٔ شروع هر کاری که خدا انجام می‌دهد، ایمان است. جای دیگری برای شروع وجود ندارد. اما بعد از آنکه خدا ایمان را به ما بخشید، مرحلهٔ رشد شخصیت به میان می‌آید. اجازه دهید این هفت مرحلهٔ متوالی ساخت شخصیت را که در دوم پطرس ۱:۵ـ۷ ذکر شده دنبال کنیم.

«در ایمان خود فضیلت پیدا نمایید.» دوست دارم به جای کلمهٔ «فضیلت» از کلمهٔ «برتری» استفاده کنم. برتری نشانهٔ یک مسیحی است. هرگز در کاری که انجام می‌دهید سست و نامرتب نباشید. اگر قبل از اینکه نجات بیابید یک سرایدار بودید، بعد از نجات سرایدار بهتری باشید. اگر قبلاً معلم بودید، معلّم بهتری باشید. اگر یک پرستار بودید، پرستار بهتری باشید. ما باید برتری را به ایمان خود اضافه کنیم.

من پنج سال مدیر یک دانشکدهٔ تربیت معلّم در کنیا بودم. هدف اولیهٔ من این بود که دانشجویان خود را به سوی مسیح هدایت کنم. وقتی آنها به مسیح ایمان آورده و تعمید روح‌القدس را می‌یافتند، گاهی اوقات به من می‌گفتند: «حالا کارتان راحت‌تر می‌شود» یا: «بعد از این انتظار کمتری از من خواهید داشت چون من حالا یک مسیحی هستم.» و من جواب می‌دادم «برعکس حالا انتظارم از تو بیشتر شده است. اگر می‌توانستی بدون مسیح و تعمید یک معلّم باشی، حالا که مسیح و تعمید روح‌القدس را داری حالا باید دوبرابر گذشته معلم بهتری باشی. از تو انتظار بیشتری خواهم داشت نه کمتر.» و خدا به تعهّد من نسبت به این برتری احترام گذاشت. در سال سومی که ریاست این دانشگاه را بر عهده داشتم، کلاس دانشجویان فارغ‌التحصیل آن سال از پنجاه و هفت مرد و زن تعلیم دیده تشکیل شده بود. در امتحانات نهایی، همهٔ دانشجویان درسها را با موفقیت گذراندند. در نتیجه، نماینده‌ای از وزارت آموزش و پرورش دولت کنیا که مسئول دانشکده‌های تربیت معلّم بود نزد من آمد. او شخصاً به من تبریک گفت و اضافه کرد: «در تمام سوابق ثبت شده تا به امروز ما هرگز چنین نتایجی نداشته‌ایم.»

دلیلش این بود که من دستور کتابمقدس در مورد برتری را پیروی کرده بودم. نتایج امتحانات ما مقامات را بیش از هر بیانیّهٔ تعلیمی که می‌توانستیم صادر کنیم، تحت تأثیر قرار داد.

مسیحیّت بهانه‌ای برای سست و نامرتّب بودن نیست. در واقع مسیحی نامنظم و سست، ایمان خود را انکار می‌کند.

«و در فضیلت [برتری] علم» این عبارت در اصل به معنی دانستن ارادهٔ خدا و کلام اوست. تحصیل علم دنیوی خصوصاً برای توسعهٔ مهارتهای لازم جهت انجام دعوت الهی اغلب مهم است اما موضوع مهمتر، دانستن ارادهٔ خدا برای هر موقعیت زندگی است که توسط مطالعهٔ کلام او عملی می‌شود.

«و در علم، عفّت». اگر یاد نگیرید که بر نفس، احساسات، سخنان، ذائقه و همه چیزهایی که شما را تحریک می‌کنند کنترل داشته باشید، هرگز نخواهید توانست به مرحلهٔ بالاتری از رشد شخصیت خود برسید.

«و در عفّت، صبر». تحمل کنید! باز هم اگر صبر داشتن را یاد نگیرید نخواهید توانست در رشد شخصیت خود پیشرفت کنید. در غیر اینصورت هر بار که می‌خواهید به مرحلهٔ بعدی رشد برسید، تسلیم خواهید شد و پسروی خواهید کرد.

«و در صبر، دینداری». دینداری یا قدّوسیّت با اجازه دادن به روح‌القدس جهت کنترل عواطف و احساسات و هر جنبه از وجود شما رشد می‌کند.

«و در دینداری، محبّت برادران». این عبارت، شهادت واحد ما به تمام جهان است. عیسی فرمود: «به همین همه خواهند فهمید که شاگرد من هستید اگر محبّت یکدیگر را داشته باشید.» (یوحنا ۱۳: ۳۵).

«و در محبّت برادران، محبّت را.» (محبّت الهی، محبّت آگاپه). این اعلی'ترین ایده‌آل و کاملترین نوع محبتی است که خدا نسبت به ما دارد و زمانی شروع می‌شود که روح‌القدس محبّت خدا را در دلهای ما می‌ریزد. اما در رشد شخصیت ما به اوج خود می‌رسد. تفاوت بین محبّت برادران و محبّت الهی این است که ما در محبّت برادران، دیگر مسیحیان را که ما

را دوست دارند، محبّت می‌نمائیم اما در محبّت الهی، کسانی را که از ما متنفّرند، ما را جفا می‌رسانند و کلاً بی‌محبّت و نادوست داشتنی هستند، محبّت می‌کنیم.

این مسئله ما را مستقیماً به موضوع طرد شدگی بر می‌گرداند. دلیل اینکه شما از زخم خود شفا یافته‌اید، چیست؟ آیا خدا می‌تواند در شما محبّت الهی نسبت به کسی که شما را طرد کرده است ایجاد کند؟ آیا می‌توانید نزد پدر یا مادر بی‌محبّت خود رفته و به او بگویید: «دوستت دارم»؟ آیا می‌توانید برای همسر سابق خود دعا کنید و برکت خدا را برای او بطلبید؟ این عمل، غیرطبیعی‌ترین کار در تمام دنیاست اما محبّت خدا فوق‌العاده است بسیار فراتر از تمام تلاشهای بشری ما است.

شاید این بزرگترین برکتی است که از شفای زخمهای طرد شدگی، خیانت و خجالت جاری می‌شود. شما می‌توانید مجرایی برای جاری شدن محبّت خدا نسبت به کسانی که همچون شما مجروح شده‌اند، باشید.

پایان

درمان خدا برای حس طردشدگی

نویسنده: درک پرینس

www.ingramcontent.com/pod-product-compliance
Lightning Source LLC
Chambersburg PA
CBHW061248040426
42444CB00010B/2303
* 9 7 8 1 7 8 2 6 3 3 9 4 5 *